KB208160

달리기는 **과학**이다

달리기는 과학이다

펴낸날　　**초판 1쇄** 2025년 3월 28일

지은이　　채찍단

펴낸이　　강진수
편 집　　김은숙, 박성은
디자인　　Stellalala_d

인 쇄　　(주)사피엔스컬처

펴낸곳　　(주)북스고　**출판등록**　제2024-000055호 2024년 7월 17일
주 소　　서울시 서대문구 서소문로 27, 2층 214호
전 화　　(02) 6403-0042　**팩 스**　(02) 6499-1053

ⓒ 채찍단 2025

• 이 책은 저작권법에 따라 보호를 받는 저작물이므로 무단 전재와 무단 복제를 금지하며,
　이 책 내용의 전부 또는 일부를 이용하려면 반드시 저작권자와 (주)북스고의 서면 동의를 받아야 합니다.
• 책값은 뒤표지에 있습니다. 잘못된 책은 바꾸어 드립니다.

ISBN　　　979-11-6760-098-1　　13690

책 출간을 원하시는 분은 이메일 booksgo@naver.com로 간단한 개요와 취지, 연락처 등을 보내주세요.
Booksgo는 건강하고 행복한 삶을 위한 가치 있는 콘텐츠를 만듭니다.

달리기는 과학이다

채찍단 지음

Booksgo

달리기를 시작하려는
당신에게

러닝이 유행하면서 '체력을 키우려면 달리기를 해야 한다', '미드풋을 해야 안 다친다', 'ZONE 2 러닝을 해야 한다'와 같은 이야기를 들어본 적이 있을 것이다. 하지만 왜 그렇게 해야 하는지 명확한 설명을 접하기는 어렵다. 그 이유는 간단하다. 과학적으로 설명하려면 연구 결과를 인용해야 하는데, 사람들이 이해하기에 그 연구 결과는 어렵고 흥미를 잃게 만들기 때문이다.

이 책은 러너라면 꼭 알아야 할 핵심 주제를 정리하고, 신뢰성이 높은 연구 결과를 근거로 제시했다. 과학적 근거를 바탕으로 달리기를 이해하는 것이 더 유익하고, 더 즐거울 것이라 믿기 때문이다.

감성적인 이야기를 담은 러닝 에세이는 아니다. 대신 읽으면 무조건 도움이 될 내용만 남겼다. 그렇다고 내용이 너무 딱딱하면 흥미를 잃을까 봐 관심을 끌 만한 요소를 담았고, 달리기의 핵심을 머릿속에 오래 남길 수 있도록 나름의 스토리도 구성했다. 일부 과장이 들어갔을 수도 있지만, 명확한 이해를 위해 어려운 용어를 줄이고 쉬운 예시를 들고자 노력했다.

이 책이 무조건 정답이라고 말하고 싶지는 않다. 다만 현시점에서 가장 신뢰할 만한 자료를 모았고, 이를 토대로 달리기의 원리를 재미있게 설명했다. 이 책을 읽고 훈련하면 매 순간 성장하는 러닝 생활을 즐길 수 있을 것이다.

채찍단

목차

04 ⋯ **프롤로그** 달리기를 시작하려는 당신에게

PART **01** **달리기 워밍업**

11 ⋯ 달리기를 하기 전에
20 ⋯ **달리기 주법 1** 착지법
31 ⋯ **달리기 주법 2** 케이던스
35 ⋯ **달리기 주법 3** 호흡

PART **02** **에너지와 영양**

41 ⋯ ATP
48 ⋯ 탄수화물
56 ⋯ 단백질
63 ⋯ 지방

PART **03** **달리기 트레이닝**

73 ⋯ 심박수와 달리기
78 ⋯ ZONE 2
82 ⋯ 잘 달리는 방법
84 ⋯ 근력
87 ⋯ 러닝 이코노미
90 ⋯ VO2max
97 ⋯ 젖산염
100 ⋯ 인터벌
107 ⋯ 다양한 강도의 운동이 필요하다

PART 04 부상과 보강 운동

115 … 달리기에서 가장 많이 생기는 통증
119 … 지연성 근육통
122 … 부상을 당했을 때
126 … 달리기 안정성을 높이는 보강 운동
133 … 테이핑 요법이란
136 … 회복과 수면

PART 05 마라톤 실전

145 … 마라톤 준비
150 … 카보로딩
162 … 장거리 훈련

(부록) 달리기를 위한 팁

166 … 달리기 끝나고 맥주 한 잔, 괜찮을까
168 … 밥 먹고 바로 달리면 배가 아픈 이유
170 … 달리기 많이 하면 빨리 늙는다?
172 … 야외 달리기 vs 실내 달리기
176 … 체중과 달리기의 관계
178 … 달리기를 하면 근 손실이 된다?
180 … 근 손실을 최소화하는 세 가지 영양 섭취법
182 … 달리기와 웨이트 운동은 같이하면 안 된다?
184 … 달리기에 도움이 되는 보조제
194 … 달리기 관련 의약품 : 파스
197 … 달리기 관련 의약품 : 진통제
200 … 마라톤 대회 비매너 모음
202 … 알면 도움이 되는 달리기 용어

206 … **참고 자료**

PART 01

달리기
워밍업

달리기를 하기 전에

초보 러너는 자주 다친다

'적게 달려야 덜 다친다'는 말은 사실일까? 오히려 꾸준히 달릴수록 몸이 더 튼튼해지고 부상 위험도 줄어든다. 가민(Garmin) 시계를 사용하는 7,391명의 성인 러너를 대상으로 18개월 동안 실시한 추적 조사에 따르면 달리기 경력, 빈도, 거리, 훈련 방법 등이 부상 발생에 큰 영향을 미쳤다.[*]

특히 달리기를 시작한 지 1년도 안 된 초보 러너는 부상을 당할 위험이 크다. 이들이 1,000km를 달렸을 때 무려 70%가 부상을 겪었다. 반면 달리기를 오랫동안 해 온 숙련된 러너는 부상을 훨씬 덜 입었다. 달리기 빈도 또한 중요한데, 일주일에 한 번만 달린 러너는 72%가 부상을 경험했지만, 주 7일 러너는 부상 비율이 24%로 크게 줄었다. 꾸준한 훈련으로 몸이 달리기에 적응하고 강화되었기 때문이다.

그렇다면 초보 러너가 숙련자에 비해 더 자주 다치는 이유는 무엇일까? 가장 큰 문제는 처음부터 자기 몸에 맞지 않는 강도로 무리하게 달리기 때문이다. 매번 죽을 힘을 다해 뛰기보다는 '내일도 뛸 수 있는 정도'의 여유를 남기는 것이 중요하다. 꾸준함을 유지하며 기분 좋게 달리는 것이야말로 몸을 건강하게 만들고 부상을 예방하는 가장 효과적인 방법이다. 달리기는 건강에 좋은 운동이지만, 다치기 쉬운 운동이라는 것을 잊지 말자.

러너의 부상 발생률

달리기 경력		주간 달리기 빈도		주간 달리기 거리	
기간	부상 비율	빈도	부상 비율	거리	부상 비율
1년 미만	69.1%	주 1회 이하	71.8%	15km 미만	69.4%
1~3년	60.7%	주 2회	66.8%	15~25km	68.5%
3~5년	56.0%	주 3회	59.9%	25~35km	59.5%
5~10년	54.5%	주 4회	51.4%	35~45km	55.6%
10~20년	53.5%	주 5회	48.8%	45~55km	53.2%
20~40년	59.2%	주 6회	43.3%	55~65km	52.4%
40년 초과	69.0%	주 7회	24.7%	65~75km	43.8%
		주 7회 초과	41.7%	75~85km	43.7%
				85~95km	50.0%
				95~105km	48.6%
				105km 초과	37.8%

발에 맞는 신발 고르기

러닝을 할 때 가장 중요한 장비는 신발이다. 특히 자기 발에 잘 맞는 러닝화는 달리기 능력과 효율을 높여 준다. 다음은 발에 맞는 신발을 고르는 방법이다.

① 신발 길이

러닝화는 일반 운동화보다 조금 크게 신어야 한다. 특히 장거리를 달릴 때는 달릴수록 발이 붓는 현상이 생기기 때문이다. 평소 사이즈대로 딱 맞게 신으면 달리기 후 발톱에 멍이 들거나 심지어 빠지는 등의 부상을 겪을 수 있다. 따라서 가장 긴 발가락 끝에서 신발의 앞코까지 1.5cm 정도의 여유 공간을 두는 것이 적절하다.

② 발볼과 발등

서양인과 달리 동양인은 발볼이 넓고 발등이 높은 편이다. 발의 양옆이 압박되면 족부 질환의 위험이 있다. 다행히 많은 러닝화 브랜드가 와이드(Wide), 2E, 4E 등 다양한 폭의 신발을 내놓고 있다. 예컨대 호카, 아식스, 뉴발란스는 발볼이 넓은 신발 라인이 잘 갖춰져 있고, 나이키나 아디다스는 기본 모델이 중심이다. 이러한 발볼 표기를 꼼꼼히 살펴보고 신어 보며 자신에게 맞는 사이즈를 찾자.

③ 발 아치(Arch)

동양인 중에는 평발이 많기도 하고, 후천적으로 발 근력이 약해져 아치가 무너지는 사례도 흔하다. 발 아치가 낮으면 발이 안쪽으로 과도하게 꺾이는 '과회내(Pronation)' 현상이 나타나 관절에 무리를 줄 수 있다. 이때는 아치 서포트 깔창을 쓰거나 발이 좌우로 흔들리지 않도록 지지 장치가 들어간 안정화(Stable) 계열 러닝화를 고려해 볼 수 있다.

④ 통풍

달리기는 1분에 발을 약 180번 디디는 운동이므로, 열이 쉽게 쌓이고 발에 땀이 많아진다. 통풍이 잘되는 메시 소재 러닝화를 신으면, 땀과 열을 효과적으로 배출해 불편함을 줄이고 무좀도 예방할 수 있다. 다만 통풍이 잘되는 신발은 소재가 얇고 구멍이 많아 내구성이 떨어질 수 있다. 또한 추운 날씨에는 오히려 통풍이 잘되지 않는 신발을 선호하기도 한다.

⑤ 무게

러닝화는 가벼울수록 발걸음이 경쾌해지고 에너지 효율도 올라간다. 보통 달리기를 할 때는 1분에 약 180번 정도로 발을 많이 구르기 때문에 신발이 50g만 무거워져도 체감이 크게 된다. 그러나 신발이 가볍다는 의미는 쿠션이나 보강재가 적다는 의미일 수도 있다. 그러므로 초보자나 과체중의 러너가 레이싱화 등 극도로 가벼운 신발을 신으면 발목·무릎·고관절 등에 무리가 가며 부상 위험이 커지므로 피해야 한다.

⑥ 힐드롭(Heel Drop) 즉 오프셋

뒤꿈치와 앞창의 높이 차이를 '오프셋'이라 부르는데, 오프셋이 크면 뒤꿈치부터 착지하는 자세(힐풋)가 유도되어 종아리의 부담이 줄어든다. 따라서 달리고 나서 종아리가 자주 뭉치거나 아픈 사람은 오프셋이 큰 신발로 시도해 볼 수 있다. 반면 무릎이나 고관절이 아픈 편이라면 오프셋이 작은 즉 발이 평평해지는 신발이 도움이 될 수 있다. 오프셋이 작을수록 미드풋 혹은 포어풋 착지가 유도되어 관절에 가는 부담을 허벅지 근육이 대신 받을 수 있기 때문이다. 단 종아리, 무릎, 고관절이 모두 아프다면 예외다. 운동 강도를 줄이고 전문가 상담을 받아야만 한다.

⑦ 오프라인 매장 구매

러닝화를 살 때는 저녁 시간대에 매장을 방문하는 편이 좋다. 종일 걷거나 활동하면 발이 살짝 부어오르는데, 이 상태가 실제 달리기할 때의 발 컨디션과 비슷하기 때문이다. 또한 신발을 착용해 볼 때, 앉은 자세만 고집하지 말고 일어서서 걸어 보며 발바닥에 무게가 실릴 때도 신발이 편한지 꼭 확인해야 한다. 몇 걸음 뛰어 보는 것도 좋다. 매장 선택 역시 중요한데, 가능하다면 종합 쇼핑몰을 방문해서 다양한 브랜드와 모델을 한꺼번에 비교해 보고 결정하는 것이 좋다.

⑧ 가격이 높은 러닝화

러닝은 발이 지면에 수천수만 번 부딪히는 운동이라 신발의 쿠션, 지지력, 내구성이 매우 중요하다. 몸에 가해지는 충격량이 크기 때문에 부상과도 밀접한 연관이 있다. 그래서 출시가 기준으로 10만 원 이하의 저가형 모델은 추천하고 싶지 않다. 차라리 한 번에 일정 금액 이상의 좋은 러닝화를 사는 게 장기적으로 지갑에 더 이득이라고 생각한다. 가장 기본적인 모델로 불리는 '나이키 페가수스'보다 저렴한 러닝화를 살 때는 제품 모델 번호를 검색해서 공식 홈페이지나 온라인 후기 같은 리뷰를 꼼꼼히 확인하고 구매하는 것이 좋다.

⑨ 온라인 쇼핑몰 구매

신발은 반드시 신어 보고 선택하기를 추천하지만, 오프라인 매장 방문이 번거롭거나 특정 모델을 구하기 어려울 때는 각 브랜드의 공식 홈페이지를 활용해 볼 수 있다. 나이키, 아디다스 등은 무료 배송과 무료 반품을 지원하기도 하므로 잘 확인해서 이용해 보자. 또한 온라인 쇼핑 등으로 구매할 시 최저가 상품을 무작정 구매하기 쉬운데 조심해야 한다. 상품 판매자가 공식 판매처인지 확인되지 않으면 위조품 문제가 생길 수 있다. 최저가로 구매하더라도 판매자 정보를 꼼꼼히 확인한 뒤 결정하는 걸 추천한다.

⑩ 마음에 쏙 드는 예쁜 신발

예쁜 신발은 신을 때마다 기분을 좋게 만들고 러닝에 대한 동기부여를 높여 준다. 물론 러닝화에 투자하는 비용이 부담스러울 수도 있지만, 보통 러닝화는 누적 거리 600~800km까지도 신을 수 있으므로 생각보다 오랫동안 활용할 수 있다. 그러니 디자인과 기능이 모두 마음에 드는 러닝화를 신고 즐겁게 달리기에 도전해 보자.

러닝화 교체 시기

러닝화의 수명은 신발을 신은 '기간'이 아니라 주행 '거리'로 판단하는 것이 일반적이다. 예를 들어 러닝화를 신고 누적 거리 500km 이상을 뛰게 되면 서서히 내구성이 떨어진다. 반복된 충격으로 중창(미드솔)이 변형되거나 신발 밑창이 닳아 접지력이 약해지기 때문이다. 하지만 이마저도 사람마다 다른데, 과체중 러너라면 체중으로 인해 신발 밑창이 더 빨리 마모된다.

반면 극단적인 경우지만 어떤 마라토너는 러닝화 한 켤레로 3,000km까지 사용하기도 한다. 결국 러닝화 교체 시점은 1,000km쯤 신었을 때, 신발 밑창이 눈에 띄게 마모되었거나 충격을 충분히 흡수하지 못한다고 느껴질 때 바꾸면 된다.

러닝화 수명을 늘리고 싶다면 2~3켤레를 번갈아 신는 것도 좋은 방법이다. 이렇게 하면 달리기를 한 직후 체중으로 눌린 중창이 복원될 시간을 확보할 수 있어 더 오랫동안 신을 수 있다. 실제로 2013년 한 연구에서는 한 켤레 신발만 계속 신는 러너보다 여러 켤레를 번갈아 신는 러너의 부상 위험이 39% 낮다고 보고했다.[*] 신발마다 발에 가해지는 하중 분포가 달라서 특정 부위에 부담이 집중되는 것을 막아 주기 때문이다.

날씨와 달리기

달리기에 가장 적합한 기온은 10도(섭씨 기준)일 때다. 또한 온도가 5도씩 오를 때마다 완주 시간(랩타임)이 약 5분씩 늘어난다는 것이 실험을 통해 확인되었다.*

더운 날씨에는 달리기 수행 능력이 떨어진다. 땀을 배출하여 체중의 4~5%에 해당하는 수분이 빠지면 유산소 능력이 최대 30% 정도 감소하기 때문이다. 따라서 갈증을 느끼기 전에 꾸준히 물이나 스포츠음료를 마시는 것이 중요하다. 운동복을 선택할 때도 신경을 써야 한다. 면 소재보다는 땀을 잘 배출시키는 폴리에스터 소재가 적합하며, 반팔 티셔츠보다는 민소매 혹은 싱글렛처럼 어깨가 드러나는 디자인이 더 시원하고 쾌적하게 달릴 수 있다.

반면 추운 날씨에는 근육과 관절이 뻣뻣해져 부상 위험이 커진다. 이를 방지하기 위해서는 달리기 전 워밍업과 준비 운동으로 관절을 풀어 주는 것이 중요하다. 겨울철 달리기는 옷차림에 주의해야 한다. 패딩처럼 두꺼운 옷을 한 겹만 입고 달리기를 하면 땀이 배출되지 않아 옷이 젖고, 젖은 옷을 입고 있으면 체온이 빠르게 떨어져 감기에 걸릴 수도 있다. 반면 집업 형태의 통기성이 좋은 기능성 의류를 여러 겹 겹쳐 입으면 더울 때마다 겉옷을 하나씩 벗을 수 있어 땀 배출과 체온 조절에 유리하다.

또한 동상을 예방하려면 모자, 장갑, 귀마개, 마스크나 넥워머 같은 방한용품을 적극적으로 활용해 체온을 유지하는 것이 좋다.

»»

날씨에 따른 러닝 복장 가이드

	10도 이상	4~10도	-1~4도	-6~-1도	-6도 이하
옷차림	짧은 소매 티셔츠 반바지	가벼운 긴팔 티셔츠 긴 바지 얇은 겉옷 (조끼, 자켓)	긴팔 티셔츠 긴 바지 자켓 등을 겹쳐 입기	긴팔 티셔츠 러닝 타이즈 플리스 자켓	
			+ 장갑 및 귀마개		
				+ 모자	
					+ 넥워머

출처 한국인을 위한 달리기 가이드라인, 한국건강증진개발원

아무리 숙련된 러너라고 해도 날씨, 환경에 따라 '오늘 어떤 옷을 입어야 할까?' 하고 고민이 생길 수 있다. 이때 '채찍단 옷 고르기'를 활용해 보자. 현재 기온이나 날씨 조건에 따라 어떤 옷차림이 적절한지 확인할 수 있다.

달리기 주법 1
착지법

포어풋 vs 미드풋 vs 힐풋

달리기 착지법에 대한 의견은 사람마다 다르다. 각자 가진 근거와 경험에 따라 '포어풋은 부상을 일으킨다', '미드풋으로 뛰어야 한다', '힐풋이 정답이다' 등 여러 주장을 한다. 다양한 의견에 휩싸인 러너들은 혼란을 겪거나 특정 착지법을 무작정 따르곤 한다. 달리기 교육을 하면서 만난 러너에게 착지법에 대해 물어보면, 대부분 '유튜브에서 이렇게 뛰라고 했다'고 말한다.

처음 착지법을 설명할 때 미드풋과 포어풋 사이 지점을 '이상적인 착지 위치'로 알려 줬다. 당시 과학적 근거를 바탕으로 그 지점이 가장 효율적이라고 믿었기 때문이다.

포어풋   미드풋   힐풋

하지만 모든 러너에게 똑같이 적용하기는 어려워 많은 문제가 발생
했고, 혼란스러움을 느낀 끝에 착지법에 대해 더 깊이 연구하게 되었
다. 결국 기존의 발 위치로만 구분한 '포어풋, 미드풋, 힐풋'만으로 착
지법을 결정하는 데는 한계가 있음을 알게 되었다.

무게 중심 이동 걷기에서 찾는 달리기 방법

2022년에 발표된 대규모 연구에 따르면 착지 방법은 달리기에 큰
영향을 미치지 않는다고 한다.[*] 처음 이 결과를 접했을 때는 의문이 들
었다. 지난 5년 동안 400명 이상의 러너를 직접 평가하고 교육하면서
착지법이 분명 달리기에 영향을 미친다는 사실을 확인했기 때문이다.
이 연구 결과는 단편적인 해석이라고 본다. 특히 많은 사람이 '발이 닿
는 위치'만 보고 착지법을 구분하는데, 이는 달리기를 온전히 이해하지
못한 접근이다.

달리기를 이해하려면 걷기를 먼저 이해해야 한다. 걷기는 무게 중심점(Center Of Mass)을 앞으로 이동시키면서 나아가는 동작이다. 무게 중심점이란 우리 몸의 무게가 모여 있는 것처럼 느껴지는 가상의 점을 말한다. 걷는 속도가 빨라지면 무게 중심도 같이 앞으로 이동한다. 이는 신체의 균형과 안정성을 유지하기 위한 필수적인 움직임이다.

달리기는 걷기보다 더 빠르게 이동하는 운동이다. 따라서 상체를 적절히 앞으로 기울여 무게 중심을 이동시켜야지 효율적인 달리기가 가능하다. 그렇지 않으면 하체의 힘만으로 달리게 되어 효율이 떨어진다. 다시 말해 종아리와 허벅지 근육에 부담을 주고 무릎, 발목 관절에 부하가 많이 실린다는 말이다. 다만 엉덩이를 뒤로 빼고 상체만 앞으로 숙이는 자세는 피하자. 효율적이지 않을뿐더러 신체에 과도한 스트레스가 쌓여 부상을 유발할 수 있다.

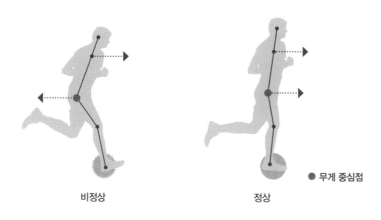

비정상   정상

● 무게 중심점

▶ 무게 중심의 이동 없이 상체만 기울임(왼쪽), 무게 중심과 같이 상체를 기울임(오른쪽)

결론적으로 달릴 때는 상체를 곧게 세운 상태에서 적절히 앞쪽으로 기울이는 것이 중요하다. 이때 엉덩이 근육을 적극적으로 활용한다는 느낌으로 달리면 추진력과 안정성을 동시에 높일 수 있다.

중력을 활용해 추진력을 높이자

상체의 기울기가 달리기의 추진력을 만드는 원리를 이해하려면, 중력이 우리 몸에 미치는 영향을 알아야 한다. 중력은 사람의 무게 중심을 통과하는 가상의 선(중력 중심선)으로 표현할 수 있다.

몸이 앞으로 기울어지면, 무게 중심의 위치도 상대적으로 앞쪽으로 이동한다. 이때 중력은 몸이 앞으로 넘어지려는 힘을 만들어서 자연스

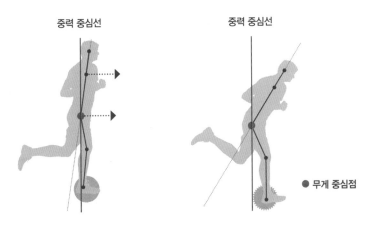

▶ 적절한 상체의 기울기(왼쪽), 과도한 상체의 기울기(오른쪽)

럽게 추진력이 생긴다. 그래서 다리 근육이 모든 부담을 지지 않고, 중력의 힘을 활용해 좀 더 효율적으로 전진할 수 있다. 즉 달릴 때 상체를 적절히 기울이면 추진력을 얻을 수 있다.

하지만 중력 중심선을 벗어나서 과도하게 상체만 기울이면 관절과 근육에 부담이 커져 부상 위험이 커진다. 따라서 적절한 상체 기울기는 효율성과 안정성을 동시에 확보하는 핵심 요소다. 실제로 이 원리를 이해한 러너는 몸이 가벼워지고, 달리기가 더 수월해졌다고 말한다.

올바른 착지법은 무엇인가

달리기에서 효율적인 착지는 부상의 위험을 낮추고 달리기 기술을 향상시키며 에너지 소모를 줄이는 중요한 요소다. 많은 사람이 단순히 발이 닿는 위치만 보고 착지법을 구분한다. 하지만 착지를 지나치게 단순하게 분류하면, 개개인의 달리기 효율과 부상 위험을 고려하지 못할 수 있다.

무게 중심
착지 지점

그래서 '무게 중심 착지'라는 개념을 적용해야 한다. 이는 상체를 앞으로 약간 기울여 무게 중심을 앞으로 옮긴 뒤 발이 그 무게 중심점 바로 아래에 닿도록 하는 방법이다. 물론 무게 중심 바로 아래에 정확히 착지하

>>>

는 것은 쉽지 않으므로 최대한 가까운 지점을 목표로 삼는 것이 현실적이다.

무게 중심 착지는 발과 지면의 접촉 시간을 줄이고, 지면 반발력을 효율적으로 활용해 불필요한 에너지 소모를 낮출 수 있다. 또한 관절에 가해지는 수직 충격을 완화함으로써 부상 위험 감소에도 기여한다.

골반 경사도에 따른 체중 이동

무게 중심 착지를 하려면, 무게 중심이 어떻게 이동하는지 알아야 한다. 하지만 실제 달리기를 하면서 적용하기는 어렵다. 이때 체중 이동을 파악하면 도움이 된다.

체중 이동이란, 발에 실리는 무게가 앞으로 또는 뒤쪽으로 어떻게 옮겨가는지를 직접 느끼는 것이다. 무게 중심이 앞으로 가면 체중도 발 앞쪽에, 뒤로 가면 발 뒤쪽에 실린다. 그리고 체중 이동은 골반에 있는 무게 중심 위치에 따라 달라지는데, 무게 중심은 골반 경사도에 의해 결정된다.

골반 경사도는 일반적으로 '정상', '전방경사', '후방경사'로 나뉜다. 맨발로 서서 발을 골반 너비로 벌린 뒤 무릎이 쭉 펴져 있다면 살짝 굽히고 허리를 곧게 편 상태에서 발바닥에 실리는 체중이 앞과 뒤로 어떻게 분산되는지 천천히 느껴 보자. 올바른 자세로 측정했을 때 몸이 발 앞쪽으로 기울면 골반이 전방경사일 가능성이 크고, 뒤꿈치 쪽으로

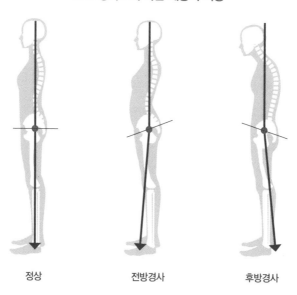

골반 경사도에 따른 체중의 이동

정상　　　　　　전방경사　　　　　　후방경사

기울면 후방경사일 가능성이 있다.

　하지만 이때 측정 자세가 올바르지 않으면 보상 작용이 일어날 수도 있으므로 주의해야 한다. 예를 들어 후방경사인 사람이 무릎을 쭉 펴고 배를 내밀면 앞쪽에 체중이 실린 것처럼 착각하여 전방경사로 평가될 수도 있다.

　또한 우리 몸은 3차원 공간에서 다양한 움직임과 위치 변화를 종합해 체중 이동을 느낀다. 이 과정에서 실제보다 앞이나 뒤로 기운 듯한 착각이 생길 수 있어 정확한 판단이 어렵다. 따라서 체중 이동을 올바르게 인식하고 골반 경사도를 정확히 평가하려면 전문가의 도움을 받는 것이 좋다.

골반 경사도에 따른 착지 범위

① 정상

골반 경사도 측정 결과 체중이 앞이나 뒤로 기울지 않고 발 전체에 체중이 고르게 느껴진다면 골반 경사도가 정상이다. 이때 무게 중심점과 발바닥을 잇는 가상의 선을 그어 보면, 복숭아뼈 약간 앞쪽에 선이 위치한다. 그리고 달릴 때 상체를 기울이면 속도에 따라 이 선이 더 앞쪽으로 자연스럽게 이동할 수 있다. 이 범위가 정상 골반 경사도를 가진 러너의 자연스러운 착지 범위로 발의 중간 부분에 해당한다.

② 전방경사

서 있을 때 발 앞쪽에 체중이 많이 실린다면 골반 전방경사를 의심할 수 있다. 무게 중심점에서 발바닥으로 선을 그어 보면, 그 위치가 발의 중간에서 앞쪽 사이에 놓인다. 이는 몸이 앞쪽으로 치우쳐 있는 상태이므로 달릴 때 상체를 조금만 앞으로 기울여도 속도가 급격히 붙는다. 따라서 전방경사를 가진 러너의 자연스러운 착지 범위는 발의 앞쪽 부분에 해당한다.

③ 후방경사

서 있을 때 뒤꿈치 쪽으로 체중이 많이 실린다면 골반 후방경사를 의심할 수 있다. 무게 중심점에서 발바닥으로 선을 그어 보면, 그 위치가 뒤꿈치 근처에 놓인다. 이런 체형으로 달리기를 한다면 뒤꿈치부터 착지하는 것이 편하게 느껴질 가능성이 크다. 속도를 내기 위해서 상체 기울기를 만들어도 전방 체중 분배가 어렵기 때문에 부담이 될 수 있다. 후방경사를 가진 러너의 자연스러운 착지 범위는 발의 뒤쪽에 해당한다.

골반 경사도에 따른 착지 범위

| 정상 골반 체중 분포 | 전방경사 골반 체중 분포 | 후방경사 골반 체중 분포 |

골반 경사도에 따른 착지법, 과연 최선일까

골반의 경사도는 무게 중심의 이동을 결정짓기 때문에 개인의 자연스러운 착지 범위를 이해하기 위한 중요한 요소다. 사람마다 골반의 경사도가 달라서 체중이 이동하는 방식도 달라지고, 각자에게 자연스러운 착지 범위가 형성된다.

각자의 체형에 맞는 착지 범위를 적용해 달리면 자연스럽게 느껴진다. 그러나 이것이 반드시 가장 효율적이거나 바람직한 방법은 아니다. 시간이 지나면서 몸에 무리가 오거나 부상으로 이어질 가능성이 있기 때문이다. 이상적인 착지 범위를 확보하려면 달릴 때 골반 경사도에 맞춰 균형을 조절하고 근본적으로는 보강 운동을 통해 체형을 교정하는 것이 좋다.

전방경사 러너를 위한 팁 완만한 내리막길 달리기

전방경사가 의심되는 러너는 달릴 때 상체가 과도하게 앞으로 기울어지고, 체중이 앞쪽으로 쏠리는 느낌을 받을 수 있다. 이는 추진력을 얻는 데는 도움이 되지만, 동시에 의도치 않게 오버페이스를 유발하거나 부상 위험을 높일 수도 있다.

따라서 골반을 중립으로 교정하는 것이 필요하다. 전방경사를 교정하기 위해서는 약화된 엉덩이 근육과 코어 근육을 강화하는 운동이 필수적이다. 엉덩이를 충분히 활용하지 못하면, 상체만 숙인 채 전진하게 된다. 이 자세가 지속되면 러닝 효율성이 떨어지고, 신체에 과도한 스트레스가 쌓여 부상을 유발할 수 있다.

달릴 때는 엉덩이와 코어 근육을 적극적으로 활용하는 느낌이 들어야 한다. '엉덩이로 몸을 밀어낸다'고 생각하면 한결 수월해질 것이다. 이 감각이 익숙하지 않다면, 완만한 내리막길을 달릴 때를 떠올려 보자. 내리막에서는 상체가 쉽게 숙여지고, 속도도 빨라지기 쉽다.

속도를 조절하려면 상체를 세우고 체중을 뒤로 옮겨야 한다. 자연스럽게 체중을 뒤로 옮기며 균형 잡는 원리를 달리기에도 적용하면 올바른 자세를 유지하기 쉬워진다.

후방경사 러너를 위한 팁 완만한 오르막길 달리기

후방경사가 의심되는 러너는 달릴 때 상체가 뒤로 젖혀져 있는 경향이 있다. 이들은 무게 중심이 뒤쪽에 있어 추진력을 얻기가 어렵다. 또한 이러한 자세가 지속되면 허리 통증이 생기기 쉽다.

후방경사가 있는 러너가 가장 먼저 신경 써야 할 것은 서 있을 때 쭉 펴져 있는 무릎을 약간 굽혀 무게 중심을 정상적인 위치로 옮기는 연습이다. 또한 골반을 중립으로 교정하기 위해 장요근과 대퇴사두근, 엉덩이 근육을 강화하는 것도 도움이 된다.

달릴 때는 허리가 뒤로 꺾이지 않았는지 늘 의식하는 것이 중요하다. 상체를 살짝 앞으로 기울이는 이미지 트레이닝도 효과적이다. 예를 들어 가벼운 오르막길을 달린다고 상상하면 자연스럽게 상체가 앞으로 숙여지면서 무게 중심이 앞쪽으로 이동하는 느낌을 익힐 수 있다. 이러한 방식으로 체중 이동을 느끼면서 달리면 추진력을 더욱 효율적으로 확보할 수 있다.

달리기 주법 2
케이던스

케이던스, 마법의 숫자 180?

달리기 케이던스(Running Cadence)는 1분 동안 두 발이 땅에 닿는 발걸음 수를 뜻한다. 2020년 도쿄 올림픽 남자 마라톤 선수들의 평균 케이던스는 분당 약 185보로 측정되었다.[*] 일반적으로 엘리트 선수들은 분당 180보 이상의 케이던스를 유지하지만, 일반 러너가 이 기준을 맞추기는 쉽지 않다. 엘리트 선수와 일반 러너의 가장 큰 차이는 속도다. 엘리트 선수는 일반 러너보다 훨씬 높은 속도로 달리며, 속도가 높아질수록 자연스럽게 케이던스도 올라간다.

케이던스는 개인의 신체 구조, 달리기 스타일, 속도 등에 따라 달라진다. 특히 키가 큰 러너는 자연스럽게 보폭이 길어지며 케이던스가 낮아지는 경향이 있다.

　케이던스가 낮아지면 한 발이 공중에 머무는 시간이 길어진다. 이 상태에서 착지하면 지면에서 받는 충격이 커지면서 신체에 부담이 가중된다. 직접 충격을 느껴 보고 싶다면 신발을 벗고 보폭을 크게 하여 달려 보면 된다. 이런 충격은 관절과 근육으로 전달되어 고관절, 무릎, 발목, 허리에 부담을 준다. 또한 에너지 소모가 증가해 달리기 효율이 떨어지고 부상의 위험이 커진다. 케이던스를 훈련하는 러너는 최적의 케이던스를 찾고, 점진적으로 높이는 훈련을 해야 한다.

달리기 리듬을 만드는 케이던스

　케이던스는 달리기 리듬을 만든다. 예를 들어 100m를 10보로 달리는 것과 20보로 달리는 것을 비교하면, 20보로 달리는 것은 보폭이 줄어들고 리듬이 빨라진다. 개인에게 최적화된 케이던스로 만들어진 리듬은 달리기에 큰 이점을 준다. 이 리듬은 산소 소비를 줄이고 에너지 효율을 높이며 신체에 가해지는 충격까지 줄여 주기 때문이다.

　달리기 리듬을 형성하고 유지하려면 케이던스뿐만 아니라 호흡 패턴, 팔의 움직임을 조화롭게 활용해야 한다. 특히 장거리 달리기에서는 피로가 누적되면서 케이던스만으로는 리듬을 계속 유지하기가 어려워진다. 호흡 패턴을 발걸음과 맞추면 호흡이 안정되어 더 오래 달릴 수 있다. 그리고 팔을 짧고 빠르게 움직이면 에너지 소비를 줄이면서 효율을 높일 수 있다.

　반면 과장된 팔 동작은 보폭을 지나치게 늘려 발걸음 수를 줄이는데, 오히려 효율을 떨어뜨리는 원인이 될 수 있다.

최적의 케이던스 찾는 방법

　분당 180보 이상의 높은 케이던스는 착지 시의 충격을 줄이고 근골격계 부상을 예방하는 데 도움이 된다. 하지만 훈련 없이 무리하게 높은 케이던스에 맞추려 하면 자연스러운 자세가 무너지고 근육의 피로도가 높아질 수 있다. 따라서 개인에게 최적화된 케이던스를 찾고, 점진적으로 훈련을 통해 높이는 것이 중요하다. 최적화된 케이던스를 찾기 위해서는 100~400m 구간을 평소 속도로 달리며 스마트 워치나 어플로 케이던스를 측정하는 것이 좋다.

　적어도 160보의 케이던스는 부상 없는 달리기의 최소 기준으로 여겨진다. 만약 측정된 케이던스가 160보 이하라면, 메트로놈을 165보에 맞춰 케이던스를 끌어올리는 훈련부터 시작해 보자. 측정된 케이던스가 160~170보라면 메트로놈을 165~175보로 설정하고, 170보 이상이라면 180보로 설정해 훈련을 진행할 수 있다. 그렇게 각자 목표한 케이던스에 적응했다면 점진적으로 5~10%씩 목표를 높여 보자.

　훈련 시 컨디션에 따라 리듬이 다르게 느껴질 수 있으므로 여러 번 시도해 보고 몸에 익혀야 한다. 케이던스를 높이는 훈련은 부상을 예방하고, 효율적인 달리기를 위한 필수 과정이다. 메트로놈을 활용해 훈련하는 것이 지루하다면 음악을 찾아 들으며 훈련하는 것도 좋은 방법이다. 유튜브에 '케이던스 170bpm 노래'와 같이 검색하면 된다.

달리기 케이던스는 한 번에 완성되지 않는다. 자신의 리듬을 찾아서 꾸준히 훈련하며 점진적으로 높여가길 바란다.

달리기 주법 3
호흡

호흡은 달리기 중 산소를 공급하는 데 중요한 역할을 한다. 낮은 강도의 달리기(ZONE 1-2)에서는 코로 들이마시고 코로 내쉬는 호흡법을 활용하면 좋다. 이 방식은 자연스럽게 러닝 페이스를 낮추어 유산소 운동에 집중하기 쉽게 해 준다.

그러나 중·고강도(ZONE 3-5) 환경에서는 코로만 호흡하기 어려워진다. 산소 공급이 부족해지고 빠른 이산화탄소 배출이 필요하기 때문이다. 이럴 때는 코로 들이마시고 입으로 내쉬는 방식처럼 코와 입을 함께 사용하는 것이 효과적이다.

러닝 시 호흡법 중 널리 사용되는 방법으로 2-2 호흡법이 있다. 이는 두 걸음마다 숨을 들이마시고 내쉬는 리듬을 말하며, 잭 다니엘스(Jack Daniels) 박사가 중간 템포의 러닝 페이스에서 적합하다고 언급

한 패턴 중 하나다. 예를 들어 '흡흡하하' 리듬을 떠올리면 쉽게 이해할 수 있는데, 왼발부터 내디딜 경우 '왼발 흡, 오른발 흡, 왼발 하, 오른발 하'와 같이 연습하면 된다.

2-2 호흡법은 발걸음과 호흡을 동기화해 리듬감을 유지하는 데 도움을 주지만, 모든 러너에게 적합한 유일한 방법은 아니다. 처음 러닝을 시작하는 사람은 2-2 리듬을 시도해 보고, 만약 불편하거나 페이스에 맞지 않는다면 3-3(세 걸음 들이마시고, 세 걸음 내쉬는)이나 1-1(한 걸음 들이마시고, 한 걸음 내쉬는) 같은 다른 호흡 패턴을 실험하며 자신에게 맞는 방법을 찾아가는 것이 좋다. 참고로 1-1은 빠른 페이스 러닝에서 더 유용하다.

"내가 잘 뛰는 것은

타고났다기보다는

노력했기 때문입니다."

- 이봉주 -

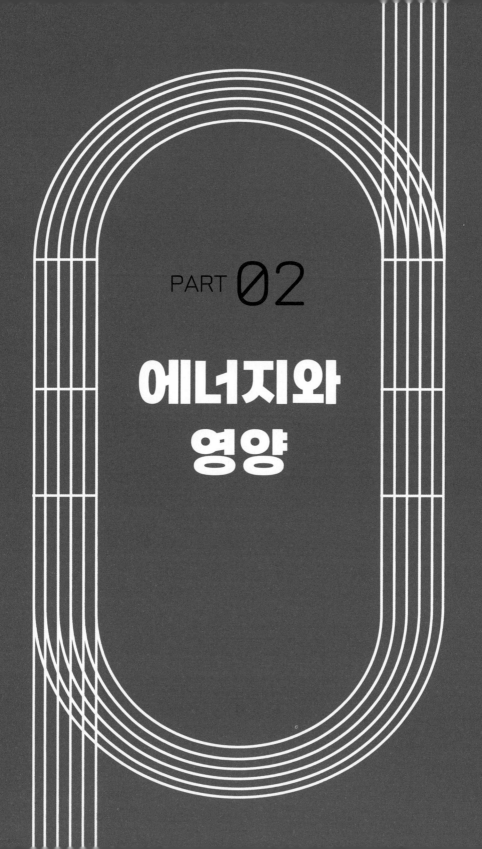

PART 02

에너지와
영양

ATP

틈만 나면 배고픈 이유는 살아남기 위해서다. 우리 몸은 음식에서 에너지를 얻는데, 우리 몸은 탄수화물, 단백질, 지방을 섭취한 뒤 소화와 대사 과정을 거쳐 최종적으로 'ATP'라는 물질을 만들어 낸다. 쉽게 생각하면 'ATP＝에너지'라고 봐도 좋다.

우리 몸은 ATP로 움직인다

ATP는 분자 안에 높은 에너지를 저장했다가 세포가 필요로 할 때 즉시 공급해 주는 역할을 한다. 중요한 건 ATP가 부족해지면 우리 몸이 제대로 움직이지 못한다는 것이다. 마치 자동차가 연료 없이 달릴 수 없듯이 우리 몸도 ATP가 없으면 한 발자국도 내딛기 어렵다.

ATP는 바로 세포 속 '미토콘드리아'라는 작은 발전소에서 생성된다. 미토콘드리아는 달리기를 꾸준히 하면 수와 기능이 향상된다. 달리기를 통해 호흡과 혈액 순환이 활발해지고 산소 공급이 늘어나기 때문이다. 이렇게 근육 속 미토콘드리아가 많아지면 ATP도 더 많이 만들어진다. 결과적으로 더 빠르게, 더 오래 달릴 수 있게 된다.

달리기 능력을 결정하는 생리학적 요인

요소	설명
ATP 생산 능력 (미토콘드리아 기능 등)	유산소 대사를 통해 더 많은 ATP를 만들어 낼 수 있다면 지구력 향상에 도움
심폐지구력(VO2max)	산소 섭취 능력이 높을수록 ATP 생산에 유리
근섬유 유형(지근 vs 속근)	장거리 vs 단거리 달리기 능력에 영향
신경근 협응 (러닝 폼, 근신경 효율)	주어진 ATP의 효율적 사용
글리코겐 저장 능력	고강도 구간에서 ATP를 빠르게 재생산할 수 있게 돕는 연료
기타 요인 (트레이닝, 영양, 휴식 등)	전반적인 피로도, 회복 속도에 영향

유산소 운동 vs 무산소 운동

보통 달리기는 '유산소 운동', 헬스장에서 무게를 드는 운동은 '무산소 운동'으로 알고 있는 사람들이 많다. 하지만 유산소 운동과 무산소 운동은 운동 종목이 아니라 운동 강도에 따라 구분된다.

먼저 달리기에 대해 생각해 보자. 느린 속도로 오래 달리는 경우는

»»

유산소 운동에 해당한다. 반면 전력 질주와 같이 짧은 시간 동안 모든 힘을 쏟아야 하는 고강도 운동은 무산소 운동으로 분류된다.

근력 운동도 마찬가지다. 저중량으로 많이 반복하는 덤벨이나 바벨 운동은 비교적 오랜 시간 지속할 수 있기 때문에 유산소 운동에 가깝다. 그러나 고중량으로 수행하는 웨이트 리프팅은 무산소 운동으로 구분된다.

간단히 생각하면 짧은 시간 동안 온몸이 지칠 정도로 운동하는 것을 무산소 운동으로, 오랜 시간 동안 낮은 강도로 꾸준히 운동하는 것을 유산소 운동이라고 생각하면 된다.

무산소 운동 ATP를 적게 만든다

매우 강한 힘을 내면 몇 초 버티지 못하고 힘이 금방 바닥난다. 우리 몸이 생산하는 ATP의 양보다 운동으로 인한 ATP 소모량이 더 많기 때문이다. 이런 상황에서는 무산소 대사가 작동한다. 무산소 운동은 말 그대로 '산소 없이' ATP를 만들어 내는데, 생산량이 적어서 운동을 오래 이어 가기 어렵다. 무산소 대사는 크게 두 갈래로 나뉜다.

① 인원질계(ATP-PC)

• 근육 속 크레아틴인산(PCr) 한 분자를 이용해 1개의 ATP를 만들어 낸다.

- 대략 10초 정도의 짧은 시간 동안 아주 강한 힘을 낼 때 사용된다.(예 100m 전력 질주, 역도 등)

② 젖산계(해당 과정)

- 해당, 말 그대로 포도당을 분해하여 두 개의 ATP를 만든다.
- 대략 30초~2분 정도 버틸 수 있는 강도 높은 운동에서 쓰인다.
- 높은 강도의 운동에서 젖산이 축적되는데 이 젖산이 빠르게 쌓이면 더 이상 강하게 운동하기 어려워진다.

인원질계와 젖산계 모두 한계 시간이 짧으며 순간적으로 강한 힘을 내는 데 유리하지만, ATP를 많이 생산하지는 못한다. 즉 에너지를 만들어 내는 효율이 떨어진다는 말이다.

유산소 운동 ATP를 많이 만든다

운동 강도가 낮으면 ATP의 생산량과 소비량이 비슷하므로 오랫동안 운동할 수 있다. 우리 몸은 미토콘드리아에서 산소를 적극적으로 활용해(유산소) 많은 양의 ATP를 만들어 낸다. 특히 낮은 강도의 달리기나 오랜 시간 달릴 수 있는 페이스를 유지할 때 유산소 대사가 주로 가동된다. 유산소 대사는 크게 두 가지로 분류할 수 있다.

① 탄수화물 대사

- 근육과 간에 저장된 글리코겐을 분해하여 나오는 포도당을 주된 연료로 활용한다.
- 산소와 함께 완전 분해하면 포도당 한 분자당 30개 이상의 ATP가 만들어진다.
- 5km, 10km, 하프 마라톤, 풀 마라톤 초·중반까지 탄수화물 대사가 큰 비중을 차지한다.

② 지방 대사

- 체내 글리코겐이 고갈되면 지방 대사가 주도권을 쥔다.
- 하나의 지방산을 완전 산화하면 100개 이상의 ATP가 만들어진다.
- 분해 속도는 느리지만 우리 몸에는 지방이 넉넉히 저장되어 있으므로 장거리 마라톤 중·후반부에서 큰 역할을 한다.

운동 에너지 시스템과 ATP 생성 비교

구분	작동 경로	ATP 생산량	에너지 고갈 시간
무산소성 대사	ATP-PC(인원질계)	1~2ATP	약 10초
	해당 과정(젖산계)	포도당 1분자당 약 2ATP	30초~2분
유산소성 대사	탄수화물 완전 산화 (포도당 산화)	30~32ATP(상황에 따라)	약 90분
	지방 대사 (지방산 완전 산화)	100ATP 이상 (지방산 종류별로 상이)	아주 오랜 시간

달리기와 대사 과정

달리기를 시작하면 우리 몸은 무산소와 유산소 대사를 복합적으로
사용해 ATP를 만든다. 인원질계(무산소), 해당 과정(무산소), 탄수화물
대사(유산소), 지방 대사(유산소)까지 네 가지 경로가 모두 관여한다. 예
를 들어 짧고 강력한 폭발력이 필요한 순간에는 인원질계가 가장 많이
쓰이고, 1~2분 정도 고강도 운동을 지속할 때는 해당 과정이 주요 에
너지 경로가 된다.

반면 30분 이상 장시간 달리기를 하면 유산소성 탄수화물 대사와
지방 대사가 점차 우위를 차지한다. 결국 운동 강도에 따라 네 가지 대
사가 조금씩 섞여서 사용되므로 특정 운동을 무산소 운동과 유산소 운

달리기 거리별 에너지 사용 비율[*]

거리	소요 시간	ATP-PC (인원질계)	해당 과정 (젖산계)	유산소	중성지방
100m	10초	53%	44%	3%	-
200m	20초	26%	45%	29%	-
400m	45초	12%	50%	38%	-
800m	1분 45초	6%	33%	61%	-
1,500m	3분 40초	-	20%	80%	-
5,000m	13분	-	12.5%	87.5%	-
10,000m	27분	-	3%	97%	-
마라톤	약 2시간 10분	-	-	80%	20%

»

동으로 나누어 설명하는 것은 큰 의미가 없다.

달리기와 근육

마라톤 선수의 몸은 그렇게 근육질로 보이지 않는다. 이는 유산소 대사를 주로 사용하는 지근(Type I) 섬유가 발달되어 있기 때문이다. 지근은 지구력에 탁월하지만 근육의 부피는 크게 늘리지 않는다.

반면 보디빌더나 단거리 육상 선수의 근육은 속근(Type II) 섬유이다. 속근이 많으면 폭발적 힘과 더불어 근육 크기를 크게 키울 수 있다. 그래서 장거리 러너는 '날렵하고 가늘어 보이는 근육'을, 보디빌더나 단거리 육상 선수는 '강하고 두꺼운 근육'을 갖게 된다.

지근과 속근의 차이

구분	Type I (지근)	Type II a (중간형 속근)	Type II x (속근)
근 수축 속도	느림	빠름	매우 빠름
피로에 대한 내성	강함	빨리 지침	빨리 지침
주로 사용되는 대사	유산소성	무산소성	무산소성
적합한 운동 목표	근지구력	근 비대	최대 근력
근육 부피	상대적으로 작음	중간 정도	가장 큼
운동 예시	마라톤, 달리기, 수영	중강도 러닝, 근력 운동	스프린트, 파워리프팅

탄수화물

탄수화물의 기본 형태, 포도당

탄수화물이 몸에 들어오면 어떻게 될까? 소화 과정을 거쳐 최종적으로 포도당으로 분해된다. 이 포도당은 무산소성 해당 과정과 유산소성 탄수화물 대사를 통해 ATP를 만들어 내는 원료로 사용된다.

운동으로 포도당이 즉시 사용되고, 남은 포도당은 간이나 근육에 글리코겐 형태로 저장된다. 그러나 글리코겐 저장고가 이미 가득 차 있으면 남은 포도당은 지방으로 전환되어 체내에 축적될 수 있다. 즉 섭취한 탄수화물이 체내에서 사용되고 남으면 글리코겐-지방 순으로 저장된다고 이해하면 된다.

혈당과 호르몬

우리 몸은 숨만 쉬고 있어도 포도당을 사용한다. 특히 뇌는 주된 에너지원으로 포도당을 사용하기 때문에, 식사 후 2~3시간만 지나도 우리 몸은 자연스럽게 배고픔을 느낀다. 혈액 속 포도당 즉 혈당은 약 4g 정도로 매우 적은 편이지만, 인체는 이 농도를 철저히 조절하여 항상성을 유지한다.* 가령 혈당이 지나치게 높아지면 '인슐린'이라는 호르몬이 분비되어 혈당을 낮추고, 반대로 혈당이 너무 떨어지면 '글루카곤'이라는 호르몬이 여러 대사를 통해 혈당을 높인다.

탄수화물의 최종 형태, 글리코겐

글리코겐은 우리가 먹은 탄수화물이 소화 과정을 거쳐 포도당이 된 뒤 몸 안에 저장된 최종 형태로, 근육과 간에 주로 쌓인다. 쉽게 말해 '체력 게이지(HP)'와 비슷한 개념이다. 근육에 저장된 글리코겐은 주로 운동할 때 사용하고, 간에 저장된 글리코겐은 혈당이 낮아졌을 때 포도당으로 다시 분해되어 혈당을 올리는 역할을 한다.

문제는 체내 글리코겐 저장량이 한정적이라는 사실이다. 체지방과 비교하면 글리코겐 저장고는 훨씬 작다. 예를 들어 체지방률이 15%이고 체중 70kg인 성인에게는 체내에 10,000g 이상의 지방이 있지만, 글리코겐은 고작 600g(근육 500g, 간 100g) 정도밖에 없다.

활동 유형별 글리코겐 고갈에 도달하는 시간

활동 유형	활동 강도	글리코겐 고갈 시점	특징
일상생활	보통의 일상 활동 (가벼운 집안일, 출퇴근 등)	거의 고갈되지 않음 (종일 활동해도 축적량 대부분 유지)	• 일상 활동만으로는 글리코겐이 크게 소모되지 않음
저강도 유산소 운동	가벼운 걷기(가벼운 트레킹), 요가, 필라테스 등	약 3~5시간 이상	• 지방 사용 비율이 높아 글리코겐 소모가 느리게 진행
중강도 지구력 운동	평소 페이스 장거리 달리기 (마라톤 페이스에 근접, 65~75% VO2max)	1~2시간 후 고갈 징후, 3시간 내외 거의 고갈	• '러너스 월'이 운동 시작 후 2시간 전후에 나타남 • 글리코겐 고갈 단계로 진입
고강도 (간헐적) 운동	인터벌 훈련(HIIT), 800m 인터벌 반복 등	약 1시간 전후	• 무산소 대사 비중이 커 글리코겐이 빠르게 소모
고강도 (지속) 운동	80~85% VO2max로 1시간 이상 연속 달리기	약 1시간 내외	• 중간 보급이 없으면 가파르게 소모 • 극도의 피로감 유발
하프 마라톤	하프 마라톤 페이스	약 1~2시간 사이	• 레이스 중 탄수화물 섭취 권장 • 글리코겐 보충 필수
마라톤	마라톤 페이스	약 2~3시간 사이	• 중간 보급으로 글리코겐 고갈 시점 늦출 수 있음
근력 운동	고강도 반복	60~90분 사이	• 세트마다 무산소 대사로 글리코겐 급속 소모 • 중간 휴식 필수
스포츠 경기	농구, 축구, 하키 등 고강도 인터벌 활동의 연속	약 1~2시간 사이	• 간헐적 전력 질주, 수비, 공격 반복 • 글리코겐 빠르게 소모

저강도 운동은 지방, 고강도 운동은 탄수화물

우리 몸은 '운동 강도'에 따라 사용하는 에너지원이 달라진다. 운동 강도가 낮으면 지방 사용 비율이 높아지고, 강도가 올라갈수록 탄수화물 소모량이 점점 커진다. 영국 노팅엄 대학 연구팀은 사이클 선수를 대상으로 '저강도', '중강도', '고강도'라는 세 구간에서 운동을 시행했다.* 한 구간당 30분씩 운동하게 한 뒤 근육 조직을 떼어내 실제 에너지원 사용 비율을 확인하는 실험이었다.

그 결과 저강도 구간에서는 지방을 탄수화물보다 조금 더 많이 소모했다. 실제 데이터를 보면 지방이 전체 에너지 사용량의 약 55%, 탄수화물이 45%를 차지해 비슷한 수준이긴 하지만 지방의 소모 비율이 약간 우세했다. 운동 강도를 중강도로 높이면 지방과 탄수화물 소모 비율이 거의 비슷해지고, 고강도에서는 탄수화물 사용 비율이 76%, 지방은 24%로 크게 벌어진다.

실험에서 진행된 운동 강도를 기준으로 저강도는 VO2max의 40% 수준으로, 숨이 크게 차지 않아 대화할 여유가 있다. 중강도는 VO2max의 55% 수준으로 호흡이 가빠지고 땀이 맺히며 대화할 때 말수가 줄어들지만, 완전히 불가능한 수준은 아니다. 고강도는 VO2max의 75% 수준으로 숨이 차서 고통스럽지만, 끝까지 뛸 수 있는 강도다. 연구진은 이 현상을 다음과 같이 설명했다.

> 고강도 운동 시 세포가 신속한 에너지를 요구하면서 해당 과정과 유산소성 탄수화물 대사가 먼저 쓰이며, 동시에 지방 산화를 방해하는 여러 요인이 작동한다.

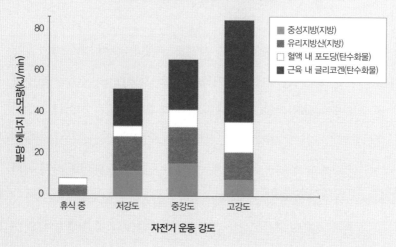

運動 강도에 따른 에너지 사용 비율*

쉽게 말해, 운동 강도가 높아질수록 순간적으로 더 많은 ATP가 필요하므로 '빠른 연료'인 탄수화물을 더욱 적극적으로 소모하는 것이다.

유산소 운동과 글리코겐에 관한 연구

일본 스포츠과학연구소의 케이코 나마 모토나가(Keiko Namma-Motonaga) 연구팀은 유산소 운동 직후 글리코겐이 얼마나 소모되는지 그리고 얼마나 회복되는지 확인하고자 했다.* 일본인 남성 지구력 운동선수 8명을 대상으로 운동 후 선수의 글리코겐 수치를 측정하고, 고탄수화물 음식을 제공하여 글리코겐 회복 정도를 분석했다.

참가자들은 사이클 머신을 사용해 90분간 고강도 운동을 수행했다.

운동 강도는 최대 산소 섭취량의 70~75%로 설정되어 근육 내 글리코겐이 충분히 소모될 정도였다. 운동 후 참가자들의 근육 속 글리코겐은 운동 전보다 약 30% 수준으로 감소했다.

운동 후 참가자들은 각각 체중 1kg당 5g, 7g, 10g의 탄수화물이 포함된 식사를 했다. 식사는 점심(오후 1시), 저녁(오후 7시), 다음 날 아침(오전 7시)의 총 세 끼로 구성되었다. 연구 결과 체중 1kg당 7g 또는 10g의 탄수화물을 섭취하였을 때 운동 후 24시간 이내에 근육 내 글리코겐이 운동 전 수준으로 완전히 회복되었다. 하지만 체중 1kg당 5g의 탄수화물을 섭취하였을 때는 근육 내 글리코겐이 충분히 회복되지 못했으며, 24시간 후에도 약 81.7% 수준에 그쳤다.

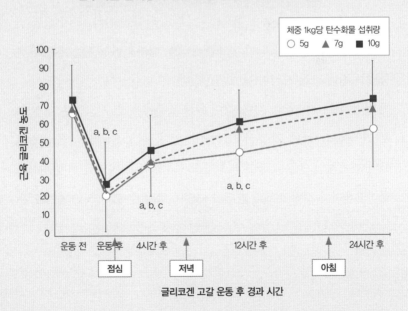

탄수화물 섭취량에 따른 운동 후 글리코겐 회복 정도

글리코겐 고갈 운동 후 경과 시간

축구 경기와 글리코겐에 관한 연구

크러스트럽(Krustrup) 연구팀에 따르면, 약 2시간 동안 축구 경기를 치른 선수들의 근육 내 글리코겐은 경기 전보다 약 57% 감소했다.[*] 그리고 24시간이 지나도 27%가 회복되지 않았으며, 48시간이 지나도 완전히 회복되지 않았다. 결국 경기 후 약 72시간이 지나서야 근육 내 글리코겐이 원래 수준으로 돌아왔다. 일반적으로 운동 후 하루 정도면 글리코겐이 회복된다고 알려졌지만, 실제로는 그렇지 않을 수 있다는 점을 보여 준다.

축구는 고강도의 인터벌 운동이다. 전력 질주, 보통 강도의 달리기, 몸싸움, 걷기가 반복되면서 체내 글리코겐이 빠르게 소모된다. 또한 전신 근육을 격렬하게 사용하기 때문에 미세한 손상이 발생하고, 이 손상이 글리코겐 회복 속도를 늦추는 주요 원인이 된다. 특히 전력 질주나 몸싸움처럼 강한 힘이 필요한 동작이 반복되면서 단순 유산소 운동과는 전혀 다른 자극이 몸에 가해진다.

반면 하프 마라톤과 같은 순수 유산소 운동을 한 사람들은 대개 하루 안에 글리코겐을 충분히 회복할 수 있다. 하지만 짧고 강한 스프린트와 반복적인 동작이 포함된 고강도 인터벌 트레이닝을 진행했다면, 글리코겐이 완전히 회복되는 데 2~3일이 걸릴 수 있다. 당연하게도 운동 강도와 피로도가 클수록 더 오랜 시간 휴식해야 한다.

>>>

러너의 탄수화물 섭취 전략

미국 스포츠의학회(ACSM)에 따르면, 하루 기준으로 저강도 운동을 할 때는 체중 1kg당 5g의 탄수화물을 섭취하고, 운동 강도가 높아질수록 최대 12g까지 섭취하라고 권장한다.[*] 예를 들어 체중 70kg의 성인이라면 저강도일 때 350g, 고강도일 때는 840g 섭취하면 된다. 200g짜리 즉석밥(탄수화물 67g 함유)을 기준으로, 저강도 운동을 할 때 적어도 즉석밥 5개는 먹어야 하고, 고강도 운동을 할 때는 무려 12개를 섭취하라고 제안한 것이다.

몇몇 연구 기관에서는 총 섭취 열량의 45~60% 이상을 탄수화물로 채우라고 강조한다. 급원 종류도 상관없다. 러닝을 즐기고 있다면 밥·빵·면 같은 탄수화물을 섭취해도 좋다. 마라톤 현장에서는 달리기를 하는 도중 당분으로 가득 찬 에너지젤을 먹거나 스포츠음료를 마신다.

완주 뒤에도 빠르게 탄수화물을 섭취해야 한다. 평소 달리기 훈련이 있는 날에는 소화불량을 대비해 일부러 흰 쌀밥이나 식빵처럼 소화가 빠른 걸 찾기도 한다. 물론 운동 강도가 낮거나 러닝 시간이 짧다면 굳이 소화, 흡수가 빠른 식품을 찾아 먹을 필요는 없다. 소화에 문제만 없다면 평상시에는 통곡물이나 채소, 과일처럼 식이섬유가 다량 포함된 건강한 탄수화물을 챙겨 주는 게 좋다.

단백질

우리 몸은 단백질로 구성되어 있다

단백질은 여러 가지 아미노산이 복잡하게 결합된 구조다. 우리 몸은 물과 지방을 제외하면 대부분 단백질로 이뤄져 있다. 근육은 물론이고 피부·손톱·머리카락·뼈 같은 다양한 조직도 모두 단백질을 기반으로 만들어지기 때문이다.

문제는 탄수화물이나 지방과는 달리 단백질을 대량으로 저장할 별도 창고가 우리 몸에 없다는 점이다. 즉 과하게 섭취해도 결국 소변으로 배출될 뿐이다. 게다가 이미 만들어진 단백질이 영원히 유지되는 것도 아니다. 오래된 단백질은 자연스럽게 분해되고 새로운 단백질이 그 자리를 채운다. 따라서 식사로 적절한 양의 단백질을 꾸준히 공급

»

해야 이를 재료로 삼아 몸이 새 단백질을 만들 수 있다.

단백질이 회복에 미치는 영향

부상이 잦은 러너라면 '단백질 섭취를 잘하고 있는지'부터 확인해 봐야 한다. 러닝 특성상 근육, 힘줄, 인대, 뼈까지 반복적인 충격과 부하를 받기 쉽다. 이때 단백질이 부족하면 미세 손상이 누적되어 회복이 늦어지기에 만성 부상으로 이어질 수 있다. 반대로 꾸준한 단백질 섭취와 적절한 휴식을 병행하면, 추가 부상의 위험을 낮추고 빠른 재활을 도울 수 있다.

① 힘줄·인대

달리기의 반복 동작은 힘줄과 인대에 꾸준히 작은 충격을 누적시킨다. 힘줄과 인대는 근육과 뼈를 연결하고 관절을 안정화하는 핵심적 역할을 맡지만, 혈관 분포가 적어 회복에 시간이 오래 걸리는 편이다. 따라서 단백질 공급이 원활해야 염증과 통증을 줄이고, 손상 부위를 빠르게 재생할 수 있다.

② 근육

강도 높은 훈련을 거듭하면 근섬유가 미세하게 찢어지지만, 이를 복구하는 과정에서 '초과회복'이 일어나 근육이 한층 더 강해진다. 문제는 부상으로 운동량이 급감했을 때 근 위축이 빠르게 진행된다는 것이다. 이때 하루 체중 1kg당 1.6g 전후의 단백질을 꾸준히 섭취하면, 근 손실을 최소화하면서 회복을 도울 수 있다. 단백질 섭취량을 충분히 유지하는 것만으로도 재활 기간을 단축할 수 있다는 연구들이 보고되고 있다.

③ 뼈

스트레스 골절과 같은 뼈 관련 부상도 러너에게는 큰 고민거리다. 뼈는 콜라겐 등의 단백질과 무기질로 구성되어 있다. 한때 고단백 식단이 뼈 건강에 해롭다는 가설이 있었지만, 최근 연구들은 적정량의 단백질 섭취가 오히려 뼈 건강에 유익하다는 사실을 밝혀냈다. 비타민 D, 인, 칼슘과 함께 단백질을 고르게 섭취하면 뼈 건강을 유지하고 추가 부상의 위험을 낮출 수 있다.

단백질은 주된 연료가 아니다

러닝을 할 때 몸은 탄수화물과 지방을 주된 에너지원으로 사용한다. 단백질은 가능하다면 신체를 구성하는 데 우선 사용되고, 에너지가 심각하게 부족한 상황에만 보조 에너지원으로 쓰인다. 장시간 동안 고강도 운동으로 글리코겐과 혈당이 고갈되면 근육 일부를 분해하여 포도당으로 바꾸어 에너지원으로 쓴다. 이를 '당신생(gluconeogenesis)' 과정이라고 한다.

문제는 당신생 과정에서 암모니아(NH_3) 같은 질소 노폐물이 생겨 몸의 회복을 늦추고 신경계 피로를 유발한다. 그래서 극단적인 저탄수화물 식단을 오래 유지한 채 공복 러닝까지 병행하면 위험할 수 있다. 체중은 많이 감량될 수 있지만 그 대부분은 근육일 것이며 운동 수행 능력은 뚝뚝 떨어질 것이다.

단백질, 얼마나 먹으면 좋을까

러닝 후 한 끼에 대략 30g 정도의 단백질을 섭취하는 것이 근육 회복을 최대로 이끈다. 이보다 적게 먹으면 효과가 떨어지고, 더 많이 먹어도 추가 이득이 적어진다. 다음의 연구를 살펴보자.

타일러(Tyler) 연구진은 지구력 선수의 적정 단백질 섭취량을 확인하고자 했다.[*] 그래서 자전거 선수 48명을 모아 네 그룹으로 나누었다. 첫 번째 그룹은 운동 직후 탄수화물만 섭취했다. 두 번째, 세 번째, 네 번째 그룹은 동일한 양의 탄수화물과 함께 단백질을 각각 15g, 30g, 45g씩 섭취하게 했다. 단백질 급원으로는 흡수가 빠른 유청 단백질을 선택했다. 연구진은 1시간 반 동안 최대 운동 부하의 60% 수준으로 자전거를 타게 하고 식사를 하게 한 뒤 근육을 채취해 근육 합성에 어떤 변화가 있는지 측정했다.

그 결과 단백질 15g을 섭취한 그룹은 근육 합성도가 크게 오르지

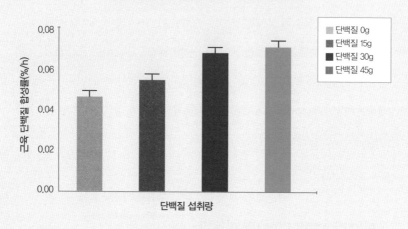

단백질 섭취량에 따른 근육 단백질 합성률

않았다. 하지만 30g을 섭취한 그룹부터는 유의미하게 근육 합성이 늘었다. 놀라운 것은 45g을 섭취했다고 해서 더 극적인 근육량의 증가가 나타난 건 아니었다. 연구진은 확실한 근육 회복 효과를 주는 1회당 단백질 섭취량은 체중 1kg당 0.5g 정도로, 대략 30g 안팎이 이상적이라고 결론을 내렸다.

여기서 한 가지 생각해 볼 점이 있다. 연구에서는 흡수가 빠른 유청 단백질을 사용했지만, 우리가 실생활에서 먹는 식사는 보통 지방이나 섬유질이 포함되어 있어서 단백질 흡수 속도가 느려질 수 있다. 이런 경우라면 소화 속도에 따라 45g까지 섭취해도 괜찮을 수 있다. 쉽게 말해 가벼운 식사로는 단백질 30g을 목표로 하고, 지방이 많은 식사라면 45g 정도를 먹으면 적당하다.

단백질 섭취 계획 예시

• 근 성장을 위한 최적의 일일 단백질 섭취량은 체중 1kg당 1.6g이다.

• 한 끼니당 20~40g 사이의 단백질을 섭취한다.

• 식사는 체중당 0.4g의 단백질을 3~4끼 섭취하는 것을 목표로 한다.

50kg × 0.4g = 끼니당 20g 섭취(닭가슴살 0.8개) [목표값 80g]

60kg × 0.4g = 끼니당 24g 섭취(닭가슴살 1개) [목표값 96g]

70kg × 0.4g = 끼니당 28g 섭취(닭가슴살 1.2개) [목표값 112g]

80kg × 0.4g = 끼니당 32g 섭취(닭가슴살 1.4개) [목표값 128g]

90kg × 0.4g = 끼니당 36g 섭취(닭가슴살 1.6개) [목표값 144g]

100kg × 0.4g = 끼니당 40g 섭취(닭가슴살 1.8개) [목표값 160g]

110kg × 0.4g = 끼니당 44g 섭취(닭가슴살 2개) [목표값 176g]

어떤 단백질을 먹으면 될까

단백질이라면 많은 사람이 가장 먼저 닭가슴살을 떠올린다. 닭가슴살이 저지방 고단백 식품인 건 맞지만, 단백질 섭취를 꼭 닭가슴살에만 의존할 필요는 없다. 고기, 생선, 어패류와 같은 동물성 식품뿐만 아니라 두부, 콩, 고사리 등 식물성 식품도 훌륭한 단백질 공급원이 될 수 있다. 단, 한 가지 식품에만 의존하지 말고 여러 종류를 섞어서 먹는 것이 중요하다. 예를 들어 콩류와 곡물류를 함께 섭취하면 부족한 아미노산을 상호 보완할 수 있다.

근육 합성과 성장에 핵심적인 필수 아미노산 중 하나가 바로 류신

(Leucine)이다. 류신은 근육 단백질 합성을 강력하게 자극하므로 운동 후 단백질 보충에 꼭 포함되어야 한다. 류신을 충분히 섭취하려면 단백질 공급원을 선택할 때 필수 아미노산이 골고루 포함된 '완전 단백질'을 먼저 고려해야 한다. 완전 단백질은 고기, 달걀, 유제품 같은 동물성 식품에 주로 포함되어 있으며, 퀴노아와 같은 일부 식물성 식품에도 있다.

최근 단백질 보충제를 따로 구매해 섭취하는 사람들이 많다. 특히 러너들은 BCAA(Branched Chain Amino Acids, 분지사슬 아미노산)에 대한 관심이 높다. BCAA는 류신, 이소류신, 발린이라는 세 가지 아미노산으로 구성된다. 이런 아미노산들은 근육 합성에 중요하긴 하지만, 평소 단백질 섭취가 충분하다면 굳이 보충제를 통해 추가로 섭취할 필요는 없다. 차라리 닭고기나 두부 한 덩이를 더 먹는 것이 더 효율적이고 경제적이다. 식품을 통해 섭취하면 단백질 외에도 지방, 비타민, 미네랄 같은 다양한 영양소를 동시에 섭취할 수 있기 때문이다.

단백질 섭취 효과를 극대화하려면 타이밍도 중요하다. 공복 상태에서 고강도 운동을 하면 오히려 근육 단백질 분해가 촉진될 수 있다. 반면 운동 직후 단백질을 섭취하면 근육 손실을 최소화하고 단백질 합성을 촉진할 수 있다.

다만 식사를 한 지 2~3시간밖에 지나지 않았다면, 혈중 아미노산 농도가 충분히 유지되고 있으므로 굳이 운동 직후에 단백질을 추가로 섭취할 필요는 없다.

지방

지방을 에너지로 쓰다

인간뿐만 아니라 모든 생물은 몸에 지방을 쌓아 두려고 한다. 생존 본능 때문이다. 쌓아 둔 지방은 비상 연료 역할을 하므로 에너지가 부족하면 바로 꺼내 쓸 수 있다. 우리 몸에는 피부 아래 축적된 피하지방과 장기를 둘러싼 내장지방이 있는데, 둘 다 본질적으로는 생존을 위한 안전장치다.

신체에 저장된 지방의 대부분은 중성지방 형태이다. 유산소성 지방 대사를 통해 ATP를 만들기 위해 지방산을 쪼개려면 여러 단계를 거쳐 복잡한 과정을 지나야 한다. 그만큼 시간이 오래 걸리는데, 산소 공급이 충분하지 않을 땐 이 과정을 제대로 수행하기 쉽지 않다.

그렇다고 지방이 쓸모없는 것은 아니다. 탄수화물(글리코겐)은 폭발적인 힘을 내는 데 필수지만, 체내 저장량이 상대적으로 적다. 반면 지방은 몸 여기저기에 충분히 비축되어 있어서 오랜 시간 에너지를 공급할 수 있다. 운동 중에도 중성지방이나 혈액을 떠다니는 자유 지방산(FFA)을 활용해 장거리 달리기와 같은 지속 운동을 이어가는 힘을 낸다.

결국 지방은 비상사태를 대비해 우리 몸이 쌓아 둔 든든한 연료다. 타는 데 시간이 걸려도, 한 번 불이 붙으면 탄수화물보다 훨씬 오래 버틸 힘을 준다. 인간을 포함해 수많은 생물이 지방과 함께 살아가는 데에는 그만한 이유가 있다.

지방을 효율적으로 태우는 방법

저강도 활동에서 지방이 사용된다. 따라서 체지방 감량을 하기 위해 낮은 강도의 유산소 운동을 하는 건 좋은 방법이다. 하지만 단점도 존재하는데, 충분한 칼로리를 태우기에는 운동 시간이 오래 걸린다는 것이다. 예를 들어 느린 조깅으로 한 시간에 300kcal를 태운다고 가정하면, 지방으로 70%를 사용한다고 해도 절대적인 지방 연소량은 210kcal에 불과하다.

반면에 운동 강도를 높여 한 시간에 600kcal를 태운다면 지방의 소모 비율이 50%로 줄더라도 결국 지방 연소량은 300kcal 정도나 되는 셈이다. 일을 끝내고 몇 시간 운동할 수 없는 바쁜 현대인이라면 효율

운동 강도에 따른 에너지 소비율

운동 경험이 없는 일반인

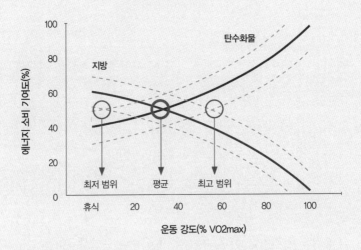

훈련된 운동선수

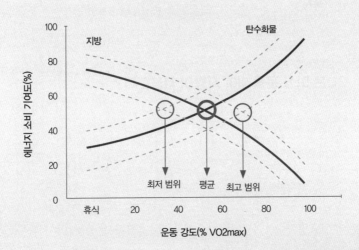

을 생각해야 한다. 다양한 채널에서 '지방을 폭발적으로 태우는 유산소 방법' 등에 관한 내용을 다루지만, 사실 지방을 가장 많이 태우는 공식 같은 것은 없다. 예전에는 최대심박수의 70% 지점에서 지방 대사가 최대로 활발해진다고 알려졌다.

하지만 연구자들은 다양한 실험 끝에 사람마다 지방을 최대로 사용하는 운동 강도가 제각각이라는 점을 확인했다. 어떤 사람은 최대심박수의 80% 수준에서도 지방을 많이 태우고, 또 다른 사람은 최대심박수의 55% 정도에서도 지방을 많이 태울 수 있다.

유산소 능력이 우수하거나 고강도 운동에 적응된 사람은 고강도의 운동에서도 지방을 효율적으로 사용한다. 실제로 8주 동안 주 3회, 1시간씩 중강도 달리기를 한 결과 지방 사용 능력이 향상됐다는 연구가 있다. 즉 꾸준한 달리기로 지방 사용 능력을 키우면 '살 잘 빠지는 체질'로 바뀐다는 뜻이다.

30분 이상 운동해야 지방이 사용된다?

'30분 이상 운동해야 지방이 타기 시작한다'는 말이 있다. 당연히 틀린 말이다. 우리 몸은 매 순간 지방을 사용하고 있으며 10분 이상 가볍게 걷거나 15분 정도 땀이 나는 중간 강도로 운동해도 체내 지방은 충분히 소모된다. 다만 운동 강도가 너무 낮거나 운동 시간이 너무 짧으면 효율이 떨어질 뿐이다.

사실 지방 사용을 극대화하기 위해서 가능하면 오래 달리는 것이 좋다. 한 연구에서는 중간 강도의 인터벌을 30분 동안 진행했을 때, 25분째에 가장 높은 지방 산화율을 기록했다.[*] 글리코겐이 고갈되며 지방이 주된 에너지원으로 사용되었기 때문이다. 이런 연구를 바탕으로 '30분 이상 오래 달려야 한다'는 말이 퍼졌고, 결국 '30분 이상 운동해야 살이 빠진다'는 이야기가 사람들 사이에서 정설처럼 자리 잡았다.

그런데 모든 사람이 30분 이상 운동하는 것은 비현실적이다. 상황에 따라 조절해야만 한다. 예를 들어 고도 비만으로 걷는 것조차 힘든 사람은 가벼운 운동을 15분만 지속해도 숨이 턱까지 차오른다. 이처럼 운동 강도를 신경 쓰지 않은 채 '무조건 30분을 채우겠다'라는 마음가짐으로 운동하면 결국 부상이 생기고 의욕만 꺾인다. 가볍고 짧은 운동부터 시작해서 서서히 운동량을 늘려나가는 게 중요하다.

다이어트 하는 방법

다이어트를 하는 방법은 간단하다. 매일 총 대사량보다 500kcal씩 적게 섭취하면 근 손실을 최소화하면서 안정적인 다이어트를 할 수 있다. 다만 신체 조건, 활동 정도, 운동 수준이 달라서 일일 총 대사량은 사람마다 달라진다. 자신의 총 대사량이 궁금하다면 QR 코드로 확인해 보자.

염증 잡는 지방, 오메가3 지방산

달리기는 염증과의 싸움이다. 달리기는 근육과 관절에 미세한 손상을 유발하기 때문에 이 손상을 복구하기 위해 신체는 자연스럽게 염증 반응을 일으키고 회복한다. 하지만 무리한 운동으로 염증 정도가 심해지면 회복이 더뎌지고 더 쉽게 다친다.

지방 섭취는 회복 과정에서 아주 중요하다. 특히 오메가3 지방산은 체내에서 합성되지 않으므로 음식으로 섭취해야 한다. 고등어, 연어, 참치와 같은 등 푸른 생선 혹은 들기름, 견과류에는 오메가3 지방산이 풍부하다. 오메가3 지방산은 염증을 조절하고 근육 회복과 면역 기능을 돕는 데 효과적이다.

반면 오메가6 지방산의 과도한 섭취는 염증 반응을 촉진할 수 있다. 현대 식단에는 튀긴 음식, 가공식품, 식물성 기름(옥수수 기름, 해바라기 기름 등)을 통해 오메가6 지방산이 과다하게 포함되는 경우가 많다.

염증 조절의 핵심은 오메가3 지방산과 오메가6 지방산의 균형이다. 이상적인 비율은 오메가3 지방산과 오메가6 지방산을 1 : 4 정도로 유지하는 것이다. 하지만 이미 우리의 식단에서는 이 비율이 1 : 15에서 1 : 20까지 벌어지는 경우가 많다. 그래서 의도적으로 오메가3 지방산 섭취를 늘릴 필요가 있다.

영양소별 권장 섭취량 및 기준[*]

구분	권장 섭취량 / 기준	비고
탄수화물	• 일일 섭취 열량의 45~60% (탄수화물 1g=4kcal) • 저강도 훈련 : 일일 체중 1kg당 5~7g • 중강도 훈련 : 일일 체중 1kg당 6~10g • 고강도 훈련 : 일일 체중 1kg당 8~12g	식이섬유(Fiber)를 제외한 흡수 가능한 탄수화물(순탄수) 기준
당류	일일 섭취 열량의 10% 미만 (예 2,000kcal 기준 약 50g)	훈련/레이스 중 탄수화물 섭취가 필요한 경우 이 한도를 초과할 수 있음
식이섬유 (Fiber)	성인 남성 25g, 성인 여성 20g, 어린이 15~20g	2020 한국인 영양소 섭취 기준
지방 (Fats)	일일 섭취 열량의 10~30%	• 포화지방 : 일일 열량의 10% 미만 • 트랜스지방 : 가능한 한 적게
오메가3 지방산 (DHA & EPA)	일일 500~1,000mg, 운동을 많이 하는 경우 일일 1,000~2,000mg	등 푸른 생선류, 보충제를 통해 섭취 가능

단백질(Protein)	• 비운동인(건강한 성인)
	  : 일일 체중 1kg당 0.8g
	• 비운동인(고령층)
	  : 일일 체중 1kg당 1.2~ 2.0g
	• 지구력 운동선수
	  : 일일 체중 1kg당 1.2~ 2.0g
	• 보디빌더 : 일일 체중 1kg당 2g 이상
		근육 합성과 회복에 중요한 역할

알코올	• 가능한 한 적게 섭취 – 남성 : 하루 2잔 미만 – 여성 : 하루 1잔 미만	• 알코올 1g=7kcal • 1잔은 와인 소량(125ml) 또는 맥주 300ml에 해당
수분 (Water)	• 하루 약 2리터 섭취 – 성인 남성 : 2.6L~3.5L – 성인 여성 : 2.1L~2.4L – 어린이 : 1.7L	• 차, 커피 등의 음료를 포함하여 되도록 비알코올, 무가당 음료로 섭취 • 땀 배출량에 따라 수분 섭취량 조절

출처 2020 한국인 영양소 섭취 기준과 미국 스포츠의학회(ACSM)

PART 03

달리기 트레이닝

심박수와
달리기

심박수를 이용한 달리기

달리기를 하면 심박수는 자연스럽게 증가된다. 운동 강도를 높일수록 심박수는 더 빨라진다. 심박수는 몸이 얼마나 힘을 쓰고 있는지를 숫자로 보여 주는 지표다. 심박수를 활용하면 자신의 심폐 능력이 얼마나 향상되었는지 쉽게 파악할 수 있다.

예를 들어 러닝머신의 속도를 10으로 설정하고 달렸을 때 한 달 전에는 심박수가 170bpm 이상이었지만, 한 달 동안 훈련한 뒤에는 150bpm으로 낮아졌다면, 이전보다 심폐 능력이 좋아졌다는 것이다. 단순한 느낌이 아니라 심박수를 통해 객관적으로 내 몸의 발전 정도를 확인할 수 있다. 심박수를 기준으로 훈련하면 '측정' 기반의 훈련을 할 수 있다.

안정 시 심박수 심박수가 낮을수록 건강하다?

심박수는 간단히 말해 1분 동안 심장이 뛰는 횟수이다. 보통 성인의 안정 시 심박수는 분당 60회 정도인데, 운동선수처럼 훈련을 많이 한 사람은 30~50회까지 내려가기도 한다. 심박수가 낮다는 건 쉽게 말해 심장이 한 번 뛸 때 더 많은 혈액을 뿜어낸다는 뜻이다. 심장이 한 번 펌프질할 때 내보내는 혈액의 양을 '1회 박출량'이라고 부른다. 심장은 1회 박출량이 커지면 운동 중이나 안정 시에 적은 횟수로도 충분한 혈액 순환을 유지한다. 결국 심장이 받는 부담이 줄고, 산소와 영양소를 몸 구석구석 공급하는 능력이 향상된다.

운동을 통해 1회 박출량이 늘어나면 안정 시 심박수 역시 점차 낮아진다. 그 결과 심장이 받는 부담이 줄어들고, 몸에 산소와 영양을 공급하는 능력이 향상되어 더 오래, 더 빠르게 달릴 수 있게 된다. 이처럼 심장 기능을 개선하려면 무조건 강하게 뛰기만 해서는 곤란하다. 자신의 심박존을 제대로 파악해 원하는 효과를 볼 수 있는 구간에서 꾸준히 달리는 훈련을 하는 편이 더 효과적이다.

최대심박수 운동 강도의 개인화

사람마다 신체 능력은 다르다. 운동선수는 몇 시간씩 달려도 무리가 없지만, 과체중 러너는 30분만 걸어도 힘들어한다. 각자의 몸이 받아들이는 운동 강도가 다르기 때문이다. 예를 들어 엘리트 운동선수는 아무리 달려도 심박수가 160bpm을 넘기 어렵지만, 초고도비만 환자는 걷기만 해도 160bpm을 쉽게 넘는다.

이때 체계적으로 운동 강도를 관리하는 방법의 하나가 최대심박수(HRmax)를 기준으로 삼는 것이다. 최대심박수는 보통 '220에서 나이를 뺀 값'으로 추정한다. 40세라면 최대심박수를 180bpm(220-40) 정도로 잡을 수 있다. 운동 강도를 정할 때는 최대심박수의 몇 % 구간에서 운동할지를 결정하면 된다.

나이와 최대심박수의 관계[*]

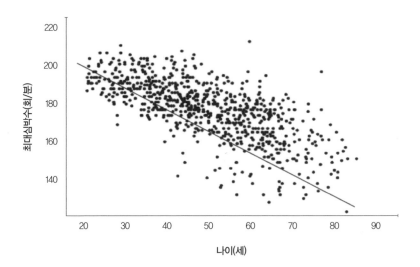

심박존 체감 강도를 5개의 영역으로

심박존은 흔히 다섯 가지 영역으로 분류한다. ZONE 1은 산책 수준으로 매우 편안한 상태다. ZONE 2는 '대화를 주고받을 수 있을 정도로 숨이 약간 차는 수준'인데, 이 구간에서 달리면 지방 대사가 활발해지고, 심폐 기능 향상에 큰 도움이 된다. ZONE 3는 평균적인 중강도 러닝 구간으로, 상당수 사람이 일상적으로 이 정도 강도로 달리며 체력을 키운다. 일반적인 사람들의 마라톤 강도가 해당하는 구역이기도 하다. ZONE 4는 이른바 고강도 훈련 구간으로, 호흡이 훨씬 가빠지며 젖산이 급격히 축적되어 빨리 지치기 쉽지만, 속도와 근지구력을 단기간에 높이는 데 효과적이다. 마지막 ZONE 5는 거의 최대심박수에 육박하는 극한 강도 영역으로, 인터벌 스프린트나 심폐 한계 테스트처럼 짧은 시간에 폭발적인 힘을 내야 할 때 사용된다.

심박존 개념을 익히면, 단순히 '열심히 뛰었다'라는 막연한 표현에서 벗어나 구체적인 지표로 운동 강도를 설명할 수 있다. 예를 들어 "오늘은 ZONE 2 상태로 40분 달렸다"라고 말하면, 내가 어떤 목적을 가지고 달렸는지 금방 이해할 수 있다. 또 심박수와 연계해 훈련 일지를 쓰면 어느 정도의 부하를 쌓았는지를 추적하여 과도한 피로 누적을 예방하고 부상을 막는 데 도움이 된다. 평소와 비슷하게 달렸는데 심박수가 급격히 치솟아 있었다면, 체력 관리 측면에서 좋은 신호가 아니다. 반대로 같은 페이스에서도 몸이 가볍고 심박수가 예전보다 낮게 나온다면 체력이 좋아지고 있다는 징후일 수 있다.

최대심박수에 따른 심박존

ZONE 1(쉽다) 최대심박수의 50~60%

흔히 '리커버리 런' 강도로 불린다. 운동 효과를 기대하기에는 강도가 너무 낮아 숨이 차지도 않고 피로가 거의 남지 않는다. 대신 몸을 가볍게 풀어 주는 데 효과적이어서 강도 높은 훈련을 소화한 후 회복을 돕는 용도로 활용할 수 있다.

ZONE 2(편안하다) 최대심박수의 60~70%

대표적인 저강도 유산소 운동 강도로, '조깅'이나 '이지 런'에 해당한다. 충분히 대화가 가능한 정도의 강도로 그다지 힘들지 않다. 기초 지구력을 기르는 데 효과적이며, 안전하면서도 운동 효과가 충분해 많은 러너가 선호하는 강도다.

ZONE 3(불편하다) 최대심박수의 70~80%

중강도 유산소 운동에 해당하며 대표적으로 마라톤 페이스가 이 구간에 속한다. 호흡이 불편해지고 대화를 이어가기 어려울 정도로 힘이 들지만, 비교적 긴 시간 유지할 수 있다. 근지구력을 키우기에 적합하며 장거리 러닝을 준비하는 데 필수적인 훈련 강도다.

ZONE 4(빡세다) 최대심박수의 80~90%

고강도 무산소 구간으로 흔히 '젖산 역치' 훈련이 이루어지는 단계다. 강도 높은 훈련 효과를 기대할 수 있으며, 빠른 속도에 달리기의 지구력을 향상시키는데 탁월하다. 이 강도에서 훈련하면 젖산을 효과적으로 처리하는 능력이 발달해 더욱 빠른 속도를 오래 유지할 수 있다.

ZONE 5(탈진하다) 최대심박수의 90~100%

전력 질주 수준으로, 극한 강도의 운동이 이루어지는 구간이다. 몇 분 정도밖에 유지할 수 없을 만큼 강도가 높으며 단기간에 심폐지구력을 향상시킬 수 있다. 하지만 워낙 강도가 높아 수행 자체가 어렵고, 부상의 위험이 커서 신중하게 접근해야 한다.

ZONE 2

채찍단 유튜브 채널에서도 고강도 인터벌은 피하도록 하고 대신 ZONE 2 훈련을 강하게 추천하고 있다. 모든 러너에게 안전하고 부상 위험이 적기 때문이다. 실제로 체력이 부족한 초보자 시기에는 굳이 빠르게 달릴 필요가 없다. 천천히 달리는 것만으로도 일정 수준까지는 실력이 향상되기 때문이다.

하지만 러너라면 분명 어느 순간 '천천히 달리기만 해선 빨라지지 않는' 순간을 맞이하게 된다. 이는 달리기를 포함한 모든 운동의 기본 원리인 '점진적 과부하(Progressive Overload)'와 연결된다. 우리 몸은 같은 자극에 익숙해지면 최대한 효율적으로 자원을 활용해 변화를 줄이려고 한다. 결국 달리기 실력은 정체될 수밖에 없다. 그래서 언젠가는 고강도 자극이 필요한 순간이 온다.

ZONE 2 훈련을 하는 이유

달리기를 좋아하는 사람들은 가능한 매일 뛰려고 한다. 만약 강도가 높은 ZONE 3로 주 4~5회 달리기를 하면 어떻게 될까? 운동 부하가 높은 만큼 운동 효과는 클 것이다. 하지만 피로도 관리 문제로 수면 부족, 잦은 부상 등의 일상적인 문제들이 생길 것이다.

여기에 인터벌 같은 고강도 훈련까지 더한다면 상황은 심각해진다. 평소 피로가 쌓여 고강도 훈련을 제대로 소화하지 못할 수도 있다. 그 결과 훈련 효과는 떨어지고 부상 위험만 커진다.

반면 ZONE 2 달리기는 피로도가 낮다. 그래서 주 4~5회 정도는 ZONE 2 훈련을 하면서 하루 정도는 고강도 훈련을 하면 무리 없이 소화할 수 있을 것이다. 게다가 저강도로 오랜 시간 달리면서 자세가 반복 숙달되어 러닝 이코노미가 개선될 수 있다.

ZONE 2 훈련하는 방법

많은 사람이 ZONE 2가 무엇인지에 대해 혼란을 느낀다. 사실 ZONE 2는 합의된 기준이 존재하지 않는다. 보통 최대심박수의 60~70%를 ZONE 2로 설정하는 경우가 일반적이지만, 일부 연구에서는 최대심박수의 80% 이상까지 ZONE 2에 포함시키기도 한다.

이처럼 기준이 제각각이라 혼란이 생길 수 있다. 그래서 체감 강도를 활용하는 것을 추천한다. 예를 들어 '대화를 주고받을 수 있을 정도로 숨이 약간 찬 상태'에서 45분 정도 운동을 하면 ZONE 2 훈련 효과를 기대할 수 있다. 만약 운동 도중 지나치게 편안함을 느낀다면, 이는 ZONE 1에 가까울 수 있으니 운동 시간을 늘려 60분 운동하는 것을 추천한다.

정확한 수치를 확인하고 싶다면, 채찍단 ZONE 2 계산기를 통해 다양한 ZONE 2 영역을 심박수로 확인해 보는 것도 ZONE 2를 이해하는 데 큰 도움이 된다.

30세 남성의 ZONE 2 심박수 계산 및 비교

분류	기준/출처	계산 공식	ZONE 2 심박수 범위 (bpm, MHR=190)
학술 연구 기반	노르웨이 올림픽 연맹	최대심박수 × (72~82%)	136~155
	스테판 세일러 (Stephen Seiler, 2006)	최대심박수 × (79~83%)	150~157
	잭 다니엘스 (Jack Daniels, 이지런)	최대심박수 × (65~79%)	123~150
스마트 워치	애플 워치	최대심박수 × (60~70%)	114~133
	삼성 갤럭시	최대심박수 × (60~70%)	114~133
의료/연구 기관	미국 스포츠의학회 (ACSM)	최대심박수 × (57~63%)	108~119
	보건복지부	최대심박수 × (64~76%)	122~144

스마트 워치의 심박존이 이상할 때

스마트 워치를 사용할 때 심박존 설정이 부정확한 경우가 종종 발생한다. 예를 들어 ZONE 2 훈련을 목표로 운동을 시작했는데, 설정된 심박수가 너무 낮아 실제로는 걷기 수준의 느린 페이스로 훈련하게 되는 문제가 발생할 수 있다.

이러한 문제는 스마트 워치가 안정 시 심박수를 충분히 학습하지 못해서 생길 수 있다. 가령 스마트 워치를 운동할 때만 착용한다면 실제 심박수와 학습된 데이터가 달라서 심박존 영역이 부정확하게 표기되는 것이다.

해결 방법은 의외로 간단한데, 심박존을 따로 관리하면 된다. 대부분의 스마트 워치는 설정 탭에서 사용자가 직접 심박존을 조정할 수 있다. 해당 탭에서 안정 시 심박수와 최대심박수를 측정한 뒤 수동으로 입력하면 된다.

이런 조정이 복잡하게 느껴진다면, 채찍단의 개인화된 심박존 계산기를 활용해 보는 것도 방법이다. QR코드를 찍으면 나이와 체력 수준을 간단히 입력해 자신에게 맞는 심박존 값을 쉽게 알아낼 수 있다.

잘 달리는 방법

잘 달리기 위해서 어떤 능력을 키워야 할까? 달리기에 요구되는 능력은 크게 근력, 러닝 이코노미, VO2max, 젖산염 역치, 지방 활용 능력까지 다섯 가지로 나눌 수 있다. 달리기는 여러 종합적인 능력을 요구하기에 무엇이 필요한지 이해하고 훈련해야 한다.

① 근력

근력이 부족하면 부상 위험이 커진다. 달리기 후반부에 안정적인 자세를 유지하기 힘들고, 방향 전환 같은 급격한 움직임에 민첩하게 대응하기 어렵기 때문이다.

② 러닝 이코노미

러닝 이코노미는 연비, 즉 달리기할 때의 '에너지 효율'이다. 같은 속도로 달릴 때 더 적은 에너지를 써서 효율적으로 뛸 수 있는 능력을 의미한다.

③ VO2max

VO2max(최대 산소 섭취량)는 추진력을 만드는 엔진, 유산소 능력을 의미한다. 속도와 지구력, 회복력까지 결정짓는 가장 중요한 지표다.

④ 젖산염 역치

젖산염 역치는 '버티는 능력'이다. 고강도 운동을 할 때 혈액과 근육에 젖산이 갑자기 많이 쌓이기 시작하는 지점을 말한다. 즉 고강도 훈련을 더 오래, 더 자주 소화할 수 있는 지구력, 내구력을 의미한다.

⑤ 지방 활용 능력

지방 활용 능력은 우리 몸의 하이브리드 엔진이다. 체지방 연소는 물론, 장거리 달리기에서 글리코겐 고갈을 막고 더 오래 달리도록 돕는 보조 에너지원 역할을 한다.

근력

달리기는 어떤 근육을 단련해야 할까

달리기는 상, 하체를 유기적으로 사용한다. 그중에서도 중요한 것은 하체와 코어 근육이다. 우선 하체 근육이 발달해야 안정감 있고 더 오래 달릴 수 있다. 그리고 코어 근육(골반 및 허리와 복근)이 견고해야 달리는 도중에 몸이 과하게 흔들리지 않는다.

하체 근육을 자세히 보면 지근과 속근으로 나눌 수 있다. 지근은 오랫동안 달릴 수 있도록 에너지를 효율적으로 쓰고, 속근은 방향 전환이나 언덕에서 순간적인 가속력을 낸다. 다만 부피가 큰 속근이 지나치게 많으면 오히려 몸이 무거워져 러닝에는 적합하지 않을 수 있다. 마치 마른 사람들은 대개 잘 뛰는 데 반해, 매일같이 운동하는 보디빌

더가 모두 달리기를 잘하지 않는 것처럼 말이다.

또한 지근이 너무 적으면 달리는 중 무릎이나 발목 관절로 가는 부하를 제대로 흡수하지 못한다. 이는 곧장 부상으로 이어질 수 있는 문제다.

코어는 쉽게 말해 상체를 안정적으로 지탱하게 하는 근육으로 생각하면 된다. 복근을 포함해 골반 주변부 근육을 떠올리면 쉽다. 코어는 달리는 중에 몸이 너무 크게 흔들리지 않게 한다. 코어가 약하면 주행 시간이 길어질수록 자세가 틀어지고, 발목·무릎 관절에 가해지는 충격도 커져 부상 위험이 커진다. 코어를 강화하기 위해서는 보강 운동이나 오르막 훈련을 통해 강화하면 된다. 러닝 마일리지(누적 주행거리)를 올려 자연스럽게 코어를 강화하는 것도 좋은 방법이다.

달리기 근육을 가장 효과적으로 기르는 훈련

달리기 근육을 단련하려면 부족한 부분을 체크하고 보강 운동을 해주면 좋다. 다만, 지금껏 트레이너로서 많은 러너를 봐왔지만, 보강 운동까지 따로 하는 러너는 손에 꼽는다는 사실을 알고 있다. 그래서 현실적인 지침은 결국 '러닝을 많이 하는 것'이 달리기 근육을 가장 안전하게 단련하는 방법이라고 말할 수 있다.

중급자 이상 러너에게 가장 추천하고 싶은 건 업힐 즉 오르막 훈련이다. 오르막을 달릴 때는 평지에 비해 무릎을 더 높이 들어올려야 하므로, 하체와 코어에 강한 부하가 걸린다. 반면 착지까지의 거리는 짧아서 무릎과 발목 관절에 가해지는 충격이 비교적 작다.

　또한 오르막을 뛸 때 보폭이 자연스럽게 짧아진다. 그러면 발목을 덜 흔들면서 안정적으로 발을 디디고 발목 주변의 작은 근육들(안정화 근육)도 골고루 사용하게 된다. 결과적으로 오르막 훈련은 탄탄한 '달리기 근육'을 자연스럽게 길러 주는 효율적인 방법이다.

러닝 이코노미

러닝 이코노미란

러닝 이코노미(Running Economy)는 특정 속도로 달릴 때 사용하는
에너지와 산소 소비량을 말한다. 쉽게 말해 '얼마나 몸을 잘 쓰는지'를
수치화 한 것이다. 가끔 보면 몸이 딱히 좋아 보이지 않는데 달리기를
잘하는 사람이 있다. 근육과 호흡량은 훈련되지 않았지만, 신체 활용
능력이 좋은 사람이다. 이렇게 얼마나 효율적인 러닝을 하는지를 체크
하는 것이 바로 '러닝 이코노미'이다. 달리기를 지금보다 더 잘하고 싶
다면 가능한 범위 안에서 러닝 이코노미를 올려야 한다.

영국 엑서터대학교에서는 한 달리기 선수를 대상으로 19세부터 30
세까지 산소 소비량 변화를 추적했다.[*] 연구 결과 1992년부터 2003년

에 걸쳐 동일한 속도(시속 16km, 1km당 3분 45초 페이스)로 달릴 때의 산소 소비량(VO2)이 약 15% 정도 감소한 것으로 나타났다. 이 선수의 최대 산소 섭취량은 일정하게 유지되었으나 산소 소비량이 줄어든 이유는, 러닝 이코노미가 개선되었기 때문이었다. 이 연구의 대상자인 래드클리프 선수는 2003년 여자 마라톤 세계 기록을 세웠다. 러닝 이코노미가 향상되면서 같은 페이스를 더 오래 유지할 수 있었고, 이는 기록 단축으로 이어졌다. 결국 러닝 이코노미를 높이는 것은 장거리 달리기 성능을 향상하는 중요한 요소다.

러닝 이코노미를 높이는 세 가지 방법

① 체중과 체형 파악하기

러닝 이코노미에 가장 큰 영향을 미치는 요인 중 하나다. 달리기에 사용되는 에너지의 80%는 체중을 지탱하며 몸을 이동하는 데 쓰이기 때문에 체중이 가벼울수록 에너지 소비가 적다. 일반인 러너의 적정 체중은 키에서 몸무게를 뺀 값이 105 정도이다. 예를 들어 175cm의 키를 가진 러너라면 70kg이 적절하다고 생각하면 된다.

달리기에 이상적인 체형은 종아리가 얇고 발이 작으며 발끝으로 갈수록 가벼워지는 형태다. 연구에 따르면 아프리카 출신 장거리 선수들은 낮은 체질량 지수(BMI)와 체지방률 덕분에 달리기에 유리하다. 또한 얇은 종아리와 작은 발도 장점으로 작용한다.

② 케이던스(분당 걸음 수) 맞추기

한 연구에서는 케이던스를 5~10% 증가시켰을 때 관절 부하가 줄어들고 달리기 효율이 개선된다고 발표하였다.[*] 하지만 케이던스 증가가 항상 좋은 효과를 보장하는 것은 아니다. 케이던스를 갑자기 높게 올리면 자세와 리듬이 무너지고 근육 피로도가 증가할 수 있다. 따라서 무리하지 말고 점진적으로 자신의 페이스에 맞는 케이던스를 찾아야 한다.

③ 드릴 훈련하기

달리기 기술을 섬세하게 익히려면 달리기 동작을 구간별로 나눠서 훈련하는 '드릴 훈련' 방식을 활용하면 좋다. 'A-B 스킵', '하이니(High Knee)', '버트 킥' 같은 러닝 드릴이 도움이 될 수 있으므로 QR코드를 참고하자.

VO2max

    심폐 체력과 운동 능력을 평가하는 가장 중요한 지표는 VO2max(최대 산소 섭취량)이다. VO2max란 최대 운동 강도에서 1분 동안 신체가 흡수하고 활용할 수 있는 최대 산소량을 의미한다. 운동을 할 때 우리 몸은 산소를 섭취하고 이산화탄소를 배출하는데, 운동 강도가 높아질 수록 산소 소비량도 증가한다.

    특히 체력이 좋거나 운동을 잘하는 사람들은 산소 섭취량의 최대값 즉 VO2max가 높다. 이는 훈련된 사람일수록 심장이 근육에 더 많은 혈액과 산소를 효율적으로 전달할 수 있음을 보여 준다. VO2max가 높을수록 신체가 산소를 활용해 에너지를 더 많이 생성할 수 있어 고강도 운동을 더 지속할 수 있다.

    그렇다면 VO2max는 어떻게 확인할 수 있을까? 정확한 값을 알고 싶다면 실시간 호흡 가스를 분석하는 전문 장비가 필요하다. 체육대학, 종합병원, 보건소에서 사용하는 CPET(심폐운동부하검사)가 대표적인데, 비용도 만만치 않고 준비 과정도 번거롭다. 간단한 방법으로는 러닝 워치를 이용해 심박수로 VO2max를 추정할 수 있는데, 이는 대략적인 값에 그쳐 정확도가 떨어지는 편이다.

우리가 실질적으로 세울 수 있는 목표는 간단하다. 러닝 워치에 표시되는 VO2max 수치를 1씩 올리는 것을 목표로 삼는 것이다. VO2max가 3.5ml/kg/min(1MET) 향상될 때마다 전체 사망률은 약 13% 감소하고, 심혈관 질환 발생률은 약 15% 줄어든다고 보고되었기 때문이다.[*]

건강한 20대 남성의 평균 VO2max는 약 40ml/kg/min, 여성은 약 35ml/kg/min로 알려져 있다. 특히 젊거나 훈련을 많이 한 사람은 VO2max가 높게 나타나며, 나이가 들수록 점차 낮아지는 경향을 보인다. 초보자 단계에서는 일상적인 훈련만으로도 VO2max를 크게 끌어올릴 수 있지만, 중급 이상으로 올라가면 향상 폭이 점차 줄어든다. 다만, VO2max는 선천적 요인이 크기 때문에, 무한히 향상되지 않는다는 점이 아쉽다. 35개 논문을 종합한 메타 분석에 따르면 VO2max의 유전율은 약 47%로 추정된다.

현재까지 측정된 VO2max 최고 기록은 96.7ml/kg/min으로, 이는 2012년 당시 18세였던 노르웨이 사이클 선수 오스카 스벤센(Oskar Svendsen)이 실험실에서 세운 수치이다. 그의 기록은 타고난 재능과 훈련이 결합된 대표적인 사례로 볼 수 있다.

오스카 스벤센의 VO2max 변화 과정(MET 포함)

측정 시점	나이	VO2max (ml/kg/min)	MET(1MET= 3.5 ml/kg/min)	상태	기타 정보
첫 테스트	15세	74.6	21.3MET	거의 무 훈련 상태	자전거 훈련 시작 이전
6개월 후	15.5세	83.4	23.8MET	자전거 훈련 시작	주당 2~3회 훈련으로 VO2max 상승
1년 후	16세	86.8	24.8MET	자전거 집중 훈련	체계적인 훈련 반영
최고 기록 시점	18세	96.7	27.6MET	최적의 훈련 상태	VO2max 최고 기록 달성
비시즌	18.5세	92.8	26.5MET	비시즌	체중 2.2kg 증가로 상대 VO2max 감소
훈련 중단 후	20세	77.0	22.0MET	훈련 중단(달리기 1~2회/주)	거의 훈련하지 않은 상태로 초기값과 유사

연령대별 남성의 일반적인 VO2max 피트니스 점수

남성	백분율	20~29	30~39	40~49	50~59	60~69	70~79
탁월	95	55.4	54	52.5	48.9	45.7	42.1
우수	80	51.1	48.3	46.4	43.3	39.5	36.7
양호	60	45.4	44	42.4	39.2	35.5	32.3
보통	40	41.7	40.5	38.5	35.6	32.3	29.4
미흡	0~40	⟨ 41.7	⟨ 40.5	⟨ 38.5	⟨ 35.6	⟨ 32.3	⟨ 29.4

연령대별 여성의 일반적인 VO2max 피트니스 점수

남성	백분율	20~29	30~39	40~49	50~59	60~69	70~79
탁월	95	49.6	47.4	45.3	41.1	37.8	36.7
우수	80	43.9	42.4	39.7	36.7	33	30.9
양호	60	39.5	37.8	36.3	33	30	28.1
보통	40	36.1	34.4	33	30.1	27.5	25.9
미흡	0~40	〈 36.1	〈 34.4	〈 33	〈 30.1	〈 27.5	〈 25.9

VO2max는 얼마나 빨리 향상될 수 있을까

초보자의 VO2max는 단기간에도 눈에 띄게 향상될 수 있다. VO2max 를 높이는 가장 효과적인 방법의 하나는 다양한 강도로 운동을 병행하는 것이다. 저강도로 긴 시간 운동하는 지속적인 운동은 심폐 기능을 강화한다. 고강도 훈련은 근육이 산소를 효율적으로 사용하는 능력을 극대화한다. 이러한 접근법은 체력이 부족한 초보자부터 숙련된 러너까지 모두에게 효과적이다.

한 연구에서 참가자들이 주 6일, 10주 동안 유산소 훈련을 진행하며 VO2max 증가량을 조사했다.[*] 6일 중 3일은 자전거 인터벌 훈련(5분 운동 후 휴식 반복, 총 30분 이상)을 수행했고, 나머지 3일은 최대한 빠르게 40분 동안 달리는 훈련을 진행했다. 이 훈련으로 참가자들은 10주 만에 VO2max가 평균 44% 증가하는 놀라운 결과를 보였다. 예를 들

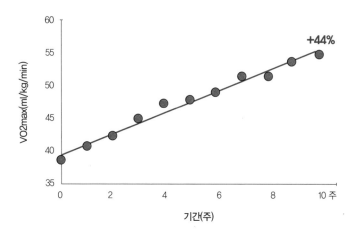

어 VO2max가 38에서 54로 상승했는데, 이는 평균 이하의 체력을 가진 사람이 우수한 체력 수준으로 변화한 것을 의미한다.

VO2max의 한계와 VDOT

VO2max는 체력과 심폐 능력을 평가하는 데 유용하지만, 현실에서는 단순히 이 수치만으로 모든 운동 성과를 설명할 수 없다. 예를 들어 성별, 키, 체중, 근육량, 팔다리 길이, 심장과 폐의 크기 등 모든 신체 조건이 동일하며 VO2max 수치까지 같은 두 사람이 있다고 가정해 보자.

여기서 한 사람은 높은 러닝 이코노미로 몸을 효율적으로 쓰는 반면, 다른 사람은 비효율적으로 달리고 있다면 어떨까? 당연히 실제 달리기 기록은 큰 차이를 보일 것이다. 이는 VO2max가 속도와 심폐 능력을 중점적으로 반영하는 반면, 호흡법, 달리기 자세, 신경 협응 능력 같은 요소는 포함하지 못하기 때문이다.

즉 달리기 실력을 정확히 평가하기 위해서는 VO2max뿐만 아니라 다른 요인들을 함께 반영해야 된다. 이를 위하여 탄생한 것이 바로 VDOT이다.

VDOT은 자신의 러닝 최고 기록을 뜻하는 PB(Personal Best)를 기반으로 운동 수행 능력을 평가하는 방법이다. 이를 고안한 잭 다니엘스는 자신이 훈련시킨 러너의 기록을 다각도로 분석했고, 실제 러닝 기록을 바탕으로 경기 결과를 예측하는 VDOT를 개발해 냈다.

VDOT은 VO2max와 유사한 개념으로 러닝 능력을 평가하지만, 그 접근 방식은 다르다. VO2max는 실험실에서 산소 소비량을 측정해 심폐 기능을 평가하는 생리학적 지표로 사용된다. 그러나 VO2max는 러너가 실제 경기에서 얼마나 효율적으로 에너지를 사용하며 환경에 적응하고 최상의 퍼포먼스를 발휘할 수 있는지를 충분히 반영하지 못한다. 반면 VDOT은 실제 레이스 기록을 기반으로 계산되므로 경기 환경에서 발휘되는 능력을 더 잘 나타낸다.

VDOT은 훈련 강도를 설정하거나 경기 결과를 예측할 때 나타난다. 대회 목표 기록을 어떻게 잡을지, 훈련 페이스를 어떻게 할지 설정할 때 이용된다.

잭 다니엘스는 러너들이 자신의 최고 기록(PB)을 활용해 이상적인 훈련 속도와 강도를 결정할 수 있도록 VDOT 표를 설계했다. 단순히 심폐 능력을 평가하는 것을 넘어 실제 경기력에 영향을 미치는 다양한 요소를 종합적으로 고려했기에 높은 평가를 받고 있다.

본인의 5km, 10km, 하프 마라톤, 풀 마라톤 기록이 있다면 현재 나의 체력 상태와 훈련 계획을 손쉽게 확인할 수 있다. QR코드를 참고 하자.

본인의 최대 기록을 입력하면 VDOT 값과 예상 기록, 훈련 페이스를 확인할 수 있다. 예상 마라톤 기록을 더 정확하게 추정하고 싶다면 목표로 하는 마라톤 거리와 비슷한 기록을 입력하는 것이 좋다. 예를 들어 풀 마라톤을 목표로 하고 있다면 풀 마라톤 거리에 가장 가까운 기록을 입력해야 한다.

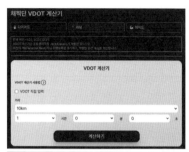

젖산염

달리기를 하다 보면 어느새 몸이 무거워지고 '그만해라'는 신호가 들린다. 이때 몸속에서는 사실 젖산(정확히는 젖산염)이 쌓이고 있다. 젖산이 축적되면 우리는 피로를 느끼고, 심하면 근육이 타는 듯한 느낌을 받는다. 하지만 젖산은 단순한 폐기물이 아니다. 고강도 운동에서 탄수화물을 활발히 쓰는 과정에서 생기는 부산물이자 잘만 활용하면 다시 연료로도 쓸 수 있는 물질이다.

운동 생리학에서는 젖산 축적의 한계점을 '젖산 역치(LT, Lactate Threshold)'라고 부른다. 몸이 특정 강도까지는 견디다가 어느 순간부터 젖산이 급격히 쌓이기 시작하는 지점을 뜻한다. 이 한계를 넘어서면 고강도 운동으로 전환되며 무산소 대사가 크게 작용해 탄수화물 소모가 폭발적으로 증가한다. 쉽게 생각하면 젖산 역치에 다다르면 숨이 막히고 다리가 무겁게 느껴지며 뛰기 싫어진다.

만약 젖산을 처리하는 능력을 키워 체내 젖산이 쌓이는 시점을 늦출 수 있다면 어떨까? 이전과 같은 강도로 운동을 하더라도 훨씬 더 편안하고 여유롭게 할 수 있게 된다. 젖산 역치를 높이는 것은 달리기 실력을 향상시키는 중요한 방법의 하나다. 체내 젖산 농도는 두 가지 주요 지점에서 변화한다. 첫 번째 지점인 LT1은 젖산이 쌓이기 시작하는 단계이고, 두 번째 지점인 LT2는 젖산이 급격히 축적되는 시점이다. 이 두 역치 부근에서 달리는 훈련을 통해 젖산을 생성하더라도 빠르게 제거하는 능력을 기를 수 있다. 이를 통해 젖산 역치가 점차 늦춰지고, 고강도 운동을 더 지속할 수 있는 지구력이 향상된다. 처음에는 5분도 버티기 힘든 속도를 시간이 지나면서 10분, 20분 이상 유지할 수 있게 된다. 결과적으로 체력이 좋아졌음을 느끼게 된다.

운동 강도에 따른 젖산염 농도 변화

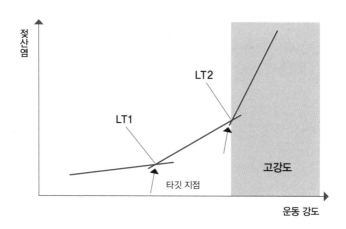

젖산 역치를 늦추는 세 가지 효과적인 훈련

① ZONE 2

기본적으로 LT1 미만의 저강도 유산소 즉 ZONE 2 훈련이 젖산염 역치 향상에 도움이 된다. 젖산염을 에너지원으로 활용하는 능력이 길러진다. 기본적으로 30~40분 이상, 숙련된 단계에서는 90분 이상으로 오래 달렸을 때 큰 효과가 있다.

② 템포런

많은 연구자는 템포런(Tempo Run)의 훈련 강도와 지속 시간을 각각 다르게 정의한다. 잭 다니엘스는 엘리트 선수도 템포런을 1시간 동안 하기 어렵다고 했다. 그는 T-페이스라는 특정한 페이스를 기준으로 '최대 20분' 동안 쉬지 않고 달리는 것이 진정한 템포런이라고 강조한다. T-페이스는 채찍단 VDOT 계산기를 통해 손쉽게 확인할 수 있다.

③ 인터벌 트레이닝

인터벌 트레이닝도 젖산염 역치를 높이는 데 효과적인 훈련 중 하나다. 일정 시간 동안 고강도로 운동한 뒤 저강도 운동으로 휴식을 취하며, 이를 반복하는 방식이다. 고강도 운동 후 축적된 젖산염을 저강도 운동에서 활용하면서 젖산염 처리 능력을 키울 수 있다.

인터벌

인터벌 트레이닝

인터벌 트레이닝(Interval Training)은 고강도와 저강도 운동을 번갈아 가며 수행하는 운동을 말한다. 예를 들어 4분 동안 빠르고 강하게 달리고 3분 정도 걷거나 조깅을 통해 회복하는 것이다.

고강도 인터벌 트레이닝(HIIT, High Intensity Interval Training)은 심폐 기능 향상, 지방 연소, 대사 효율 증대의 효과가 있으며 20~30분의 짧은 운동으로도 높은 효과를 얻을 수 있다.

일반적인 중·저강도 유산소 운동(MICT)과 비교했을 때 HIIT는 운동 시간이 절반에 불과하지만, 체지방 감소와 심폐지구력 향상에서 비슷하거나 더 나은 결과를 낸다.

HIIT와 MICT 훈련 강도 및 효과 비교

연구자 (연도)	대상 연령	기간	HIIT 구성	MICT 구성	결과
D'Amuri (2021)	38.7 ± 8.1세	3개월	3분 100% VO2max, 1.5분 50% VO2max, 13.5~31.5분, 주 3회	60% VO2max, 30분, 주 3회	HIIT 그룹이 체지방(PFM) 과 심폐지구력(VO2peak) 에서 더 큰 개선 효과
Gao (2017)	21.6 ± 1.4세	3개월	4분 85% VO2max, 2분 50% VO2max, 30분, 주 5회	60% VO2max, 40분, 주 5회	HIIT 그룹에서 허리둘레 (WC)와 VO2peak에서 유 의미한 개선
Sijie (2012)	19.6 ± 0.8세	3개월	3분 85% VO2max, 3분 50% VO2max, 30분, 주 5회	50% VO2max, 40분, 주 5회	HIIT 그룹이 체지방 감소 와 러닝 경제성에서 더 큰 향상
Wang (2015)	20.8 ± 1.1세	3개월	4분 85~95% HRmax, 7분 50~60% HRmax, 44분, 주 4회	60~70% HRmax, 33분, 주 4회	HIIT 그룹에서 심폐지구 력(VO2peak)에서 더 큰 효과
Ying (2019)	35~45세	3개월	2분 90% HRmax, 1분 회복, 21분, 주 3회	65~70% HRmax, 40분, 주 3회	HIIT 그룹이 체지방(PFM) 과 허리둘레(WC)에서 더 큰 효과

고강도 인터벌 트레이닝 vs 중강도 달리기

2023년에 지청 궈(Zhicheng Guo) 연구팀이 발표한 논문은 HIIT(고강도 인터벌 트레이닝)와 MICT(중·저강도 지속 트레이닝)의 효과를 비교한 대표적인 메타분석이다.* 이들은 세상에 나와 있는 1,738회의 연구 중 29편을 골라 종합했고, 최종적으로 807명의 참가자를 두 그룹(HIIT와 MICT)으로 나누어 6~12주간 주 3~5회씩 훈련하도록 설계했다.

HIIT 그룹은 VO2max의 85~95% 강도로 '정말 숨이 턱까지 찰' 정도의 고강도 인터벌 세션을 수행하고, 회복 구간에서는 50~60% 수준의 강도로 잠깐 숨을 돌렸다. 한 세션당 전체 소요 시간은 대략 20~30분으로 짧지만, 강도가 상당히 높았다. 반면 MICT 그룹은 VO2max의 50~70% 정도로 비교적 낮은 강도를 유지하면서 40~60분씩 꾸준히 달리거나 자전거를 타는 방식으로 훈련했다.

이 연구의 결과를 살펴보면 체중, BMI, 체지방률에서는 두 그룹 간 큰 차이가 없었다. 하지만 VO2max는 HIIT 그룹이 MICT 그룹보다 약 31%가량 더 많이 증가한 것으로 나타났다. 연구팀은 이러한 결과가 고강도 운동이 심박수와 산소 소비량을 극단적으로 높여 혈관 내피 기능과 미토콘드리아 생성을 급격히 활성화시키기 때문이라고 밝혔다.

HIIT와 MICT가 신체에 미치는 영향 비교

변수	HIIT	MICT	두 그룹 간 차이
체중(BM)	−2kg	−2.19kg	큰 차이 없음
체질량 지수(BMI)	−0.9kg/m²	−0.92kg/m²	차이 없음
허리둘레(WC)	−4.41cm	−2.96cm	HIIT 우세(−0.96cm)
체지방률(PFM)	−2.03%	−1.89%	큰 차이 없음
체지방량(FM)	−1.79kg	−2.33kg	중강도 달리기 우세

인터벌을 하는 이유 애프터 번

인터벌은 운동이 끝난 뒤에도 열량 소모가 계속된다. 이를 애프터 번(EPOC, Excess Post-exercise Oxygen Consumption)이라고 부른다. 애프터 번(EPOC)은 운동 후 신체가 안정 상태로 돌아가기 위해 에너지를 추가로 소모하는 과정이다.

고강도 운동 중에는 평소보다 훨씬 더 많은 산소를 사용하게 된다. 그래서 고강도 운동이 끝난 뒤에도 부족했던 산소를 보충하고 근육에 축적된 피로 물질을 제거하며 신체를 평소 상태로 회복하기 위해 대사가 활발히 작동한다. 이 과정에서 추가로 에너지가 소모되고 지방도 에너지원으로 사용된다. 따라서 HIIT는 다이어트 효과도 우수한 운동이다.

운동 강도별 대사율 변화와 애프터 번 효과

대사율

고강도 인터벌 트레이닝

일반적인 트레이닝

애프터 번 48시간까지

시간

인터벌 프로그램의 단점

그러나 고강도 인터벌은 장점만 있는 것은 아니다. 다수의 실험 연구에서 인터벌 프로그램 참가자 중 일부는 훈련을 완수하지 못했다. 훈련의 특성상 피로 누적과 부상 위험이 컸기 때문이다. 연구진은 이를 해결하기 위해 개별 참가자의 체력 수준에 맞춘 훈련 강도를 설정하는 것이 중요하다고 강조했다. 어느 정도 구력이 쌓인 러너조차 제대로 수행하기 힘든 운동이므로 과체중 러너 혹은 초보 러너에게 고강도 인터벌 훈련은 권장되지 않는다. 중·저강도로 달려도 실력이 충분히 향상될 수 있고 훨씬 안전하기 때문이다.

실전! 인터벌 훈련법

인터벌 훈련에는 따로 정해진 방식은 없다. 강도 높은 운동과 회복 시간을 어떻게 조합하느냐에 따라 다양한 형태로 적용할 수 있기 때문이다. 그중에서 추천하는 훈련법은 바로 4×4 인터벌이다. 2007년에 노르웨이의 얀 헬게루드(Jan Helgerud)와 동료들은 다양한 종류의 러닝 훈련에서 어떤 방법이 가장 효과적인지 검증했다.[*] 결과적으로 4×4 인터벌이 적용이 쉬우면서도 VO2max 향상 면에서 뛰어난 효과를 보였다.

4×4 인터벌 트레이닝 가이드

▶ '고강도 달리기 4분 – 회복 3분'을 1세트로 4회 반복
▶ 이때 고강도 달리기는 최대심박수의 85~95% 강도로 진행
▶ 최대심박수 190 기준 : 목표 심박수 162~181

4×4 인터벌 트레이닝 : 최대심박수 190 기준

구성	목표 심박수	시간	설명
워밍업	133(최대심박수 70%)	5분	가볍게 조깅하며 심박수를 서서히 올린다.
고강도 달리기	162~181 (최대심박수 85~95%)	4분	빠르게 달려서 목표 심박수에 도달한다.
회복	133(최대심박수 70%)	3분	천천히 걷거나 조깅하며 심박수를 낮추고 호흡을 회복한다.
반복 횟수	–	총 4회	고강도 운동과 회복 단계를 4회 반복한다.
정리운동	95~114 (최대심박수 50~60%)	10분	가벼운 조깅, 걷기, 스트레칭 등으로 마무리 한다.
전체 운동 시간 : 약 32분			

훈련 프로그램별 VO2max 및 성과 개선 효과

훈련 그룹	훈련 강도	훈련 시간	VO2max 변화	스트로크 볼륨 변화	러닝 경제성 개선
장거리 느린 달리기(LSD)	최대심박수의 70%	45분	변화 없음	변화 없음	7.5% 개선
젖산 역치 훈련(LT)	최대심박수의 85%	24분 15초	변화 없음	변화 없음	8.2% 개선
15/15 인터벌 훈련	최대심박수의 90~95%(15초) + 최대심박수의 70%(15초 회복)	47회 반복 (총 약 22분)	5.5% 증가	10% 증가	9.1% 개선
4×4 인터벌 훈련	최대심박수의 90~95%(4분) + 최대심박수의 70%(3분 회복)	4회 반복 (총 약 28분)	7.2% 증가	10% 증가	11.7% 개선

30세 기준 최대심박수 및 운동 강도별 목표 심박수

훈련 강도	HRmax 방정식	HRmax(30세)	적용된 값(30세)
최대심박수	220 − 나이	220 − 30	190bpm
최대심박수의 70%	0.70 × HRmax	0.70 × 190	133bpm
최대심박수의 85%	0.85 × HRmax	0.85 × 190	162bpm
최대심박수의 90~95% (15초 운동 + 15초 회복)	0.90 × HRmax / 0.95 × HRmax	0.90 × 190 / 0.95 × 190	171bpm / 180bpm
최대심박수의 90~95% (4분 운동 + 3분 회복)	0.90 × HRmax / 0.95 × HRmax	0.90 × 190 / 0.95 × 190	171bpm / 180bpm

다양한 강도의
운동이 필요하다

운동 효과를 극대화하려면 같은 강도로 반복하기보다 다양한 강도로 운동하는 것이 좋다. 이를 '주기화(Periodization)'라고 한다. 주기화는 체력 향상을 극대화시키는 필수 전략이다.

주기화가 필요한 이유

2014년 한 연구에서는 사이클 선수들을 대상으로 12주 동안 두 가지 다른 훈련 방법을 실시한 후 효과를 비교했다.[*] 그 결과 주기적으로 운동 강도를 바꾼 주기화 그룹이 일정하게 운동했던 그룹보다 VO2max가 증가하는 등 체력이 더 향상되었다. 일정한 패턴을 유지하면서 강도나 종류를 조절하면 더 높은 효율을 기대할 수 있다.

그룹	4주 운동 계획	12주 전체 운동 방식
주기화 그룹	• 처음 3주 : 가벼운 운동＋주 1회 고강도 인터벌(HIIT) • 마지막 1주 : 고강도 인터벌(HIIT) 5회 집중 시행	4주 계획을 3회 반복
일정 그룹	매주 : 저강도 운동 + HIIT 2회	12주 동안 같은 방식으로 진행

주기화의 핵심 디로딩(deloading)

주기화의 핵심은 다양한 강도로 운동하는 것이지만 무엇보다도 적절한 휴식기를 거치는 것이 가장 중요하다. 이를 '디로딩(deloading)'이라고 하며 1~2주 동안 훈련 강도를 낮추는 '회복주'를 뜻한다.

그렇다면 디로딩은 어떻게 실행해야 할까? 3~4주 동안 훈련 강도를 점차 높이고, 1주 동안 디로딩을 하는 것이 이상적인 방법이다.

예를 들어 주당 달린 거리를 3주 동안 30km에서 45km까지 점진적으로 늘려왔다면, 이후 일주일은 회복주로 설정하여 20km 내외로 줄인다. 이렇게 훈련하면 오히려 체력은 유지되면서도 피로가 줄어들어 다음 훈련 단계로 넘어갈 때 더 높은 성과를 낼 수 있다.

디로딩 후 바로 다음 3주간은 좋아진 컨디션으로 주당 총 40km→55km→60km 식으로 이전보다 더 많은 거리를 달릴 수 있게 될 것이다. Bosquet et al.(2007)의 메타분석 연구 결과에 따르면 지구력 운동

선수가 2주간 운동량을 40~60% 줄였을 때 오히려 퍼포먼스 향상을
보이기도 했다.*

훈련 주기화와 회복 패턴

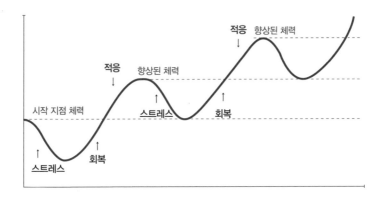

훈련 강도 구성 저강도와 고강도의 균형

저강도 훈련은 조깅과 같이 ZONE 2 이하의 강도로 편안하게 진행
한다. 반면 고강도 훈련은 젖산 역치(LT)와 최대 산소 섭취량(VO2max)
을 자극하는 ZONE 4 이상의 강도로 수행한다. 예를 들어 일주일에 5
회 훈련하는 경우 4회는 조깅, 1회는 템포런이나 업힐 훈련 같은 고강
도 운동으로 구성하는 것이 좋다.

많은 아마추어 러너는 고강도 훈련을 지나치게 자주 하거나 조깅할
때조차 속도를 너무 높이는 실수를 한다. 이렇게 하면 저강도 훈련의

효과를 충분히 얻지 못할 뿐만 아니라 오히려 고강도 훈련의 효과까지 떨어뜨리는 결과를 낳는다.

80/20 원칙 과학적으로 검증된 훈련 방식

80/20 원칙은 선수들의 훈련 방식을 체계화한 것으로, 가장 신뢰할 만한 훈련 원칙 중 하나로 꼽힌다. 훈련의 80%를 저강도로, 나머지 20%는 고강도로 진행하는 것이다. 일반적으로는 기록을 향상시키려면 고강도 운동을 가능한 한 많이 해야 한다고 생각하기 쉽다. 그러나 정상급 선수들은 오히려 훈련 대부분을 저강도로 구성한다.

2022년 노르웨이 연구진은 올림픽과 세계 정상급 선수 59명의 훈련 데이터를 분석했다.[*] 그 결과 마라톤 세계 기록 보유자인 엘리우드 킵초게를 포함한 모든 선수가 훈련의 80% 이상을 저강도 운동으로 진행하고 있었다. 이 연구는 선수들이 매일 고강도 훈련을 할 것이라는 생각을 바꿨고, 저강도 훈련이 얼마나 중요한지를 증명했다. 그렇다면 일반인 러너에게도 80/20 원칙이 유효할까?

80/20 원칙 일반 러너에게도 효과적일까

노르웨이 스포츠 과학자 스티븐 세일러(Stephen Seiler)는 일반 러너를 대상으로 실험을 진행했다. 80/20 비율과 중·고강도 훈련 비중을 더 높인 50/50 비율을 적용해 기록을 비교한 것이다.[*] 9주 후 10km 기록을 측정한 결과 80/20 원칙을 따른 그룹은 기록이 평균 5% 향상되었지만 50/50 원칙을 적용한 그룹은 3.6% 향상에 그쳤다.

짧은 실험 기간에도 불구하고 80/20 원칙의 효과가 더욱 두드러졌으며, 장기적으로 지속하면 격차가 더욱 벌어질 가능성이 크다. 즉 선수뿐만 아니라 일반 러너도 저강도 훈련을 충분히 포함하는 것이 더 효과적이다.

ZONE별 훈련 강도와 생리적 효과 비교[*]

능력치	효과	ZONE 1	ZONE 2	ZONE 3	ZONE 4	ZONE 5
지구력, 피로저항	근육 글리코겐 저장량 증가		↑↑	↑↑↑↑	↑↑↑	↑↑
유산소 활용 능력, 지방 대사	지근의 강화		↑↑↑↑	↑↑	↑	
	속근섬유 전환 (Type Ⅱx → Ⅱa)		↑↑	↑↑↑	↑↑↑	↑↑
	속근의 비대		↑	↑	↑↑	↑↑↑
	근육 모세혈관화 증가		↑	↑	↑↑	↑↑↑
유산소 능력 (VO2max)	혈장량, 심박출량, VO2max 증가		↑	↑↑	↑↑↑	↑↑↑↑
	미토콘드리아 기능 향상		↑↑	↑↑↑	↑↑↑↑	↑↑
젖산 역치	젖산 역치 향상		↑↑	↑↑↑↑	↑↑↑↑	↑↑

PART 04

부상과
보강 운동

달리기에서
가장 많이 생기는 통증

달리기를 하면서 많은 러너가 근골격계 통증을 경험한다. 연구에 따르면 최대 79.3%의 러너가 통증을 겪으며, 그 원인은 대부분 과도한 훈련과 관련이 있다고 한다.* 특히 주당 달리기 거리가 30km를 넘으면 부상 위험이 유의미하게 증가하고 64km 이상이면 그 위험이 무려 3배로 높아진다.

하지만 달리기 부상의 원인을 단순히 과도한 훈련량으로 단정할 수는 없다. 신체 구조, 근력 균형, 달리기 자세 등 개인마다 다른 요인에 따라 통증의 부위와 정도가 달라지기 때문이다. 예를 들어 발목이 불안정한 사람은 발목 주변의 근육이 약해 지지력을 충분히 제공하지 못해서 반복적인 통증이 발생하기 쉽다. 이를 방치하면 통증이 계속될 수 있으므로 발목 강화 운동이 필수적이다.

따라서 훈련량을 줄이는 것만으로 모든 통증이 해결되지 않는다는 점을 명심하자. 이제 대표적인 통증과 그 예방법을 알아보자.

① 슬개대퇴통증증후군(PFPS, PatelloFemoral Pain Syndrome) : 16.7%[*]

슬개대퇴통증증후군(PFPS)은 무릎 앞쪽에 나타나는 통증으로, 달리기 부상의 16.7%를 차지한다. 흔히 '러너스 니(Runner's Knee)'라고도 불리며, 무릎뼈 주위 근육이 약하거나 보폭이 너무 클 때, 잘못된 착지 등이 복합적으로 영향을 준다.

무릎을 펴고 무릎뼈를 눌렀을 때 아프다면 의심해 볼 수 있다. 통증을 줄이기 위해서는 달리기 자세를 개선하고 체중을 조절하며 무릎 주변 근육을 강화하는 운동을 하는 것이 좋다.

② 아킬레스건염(Achilles Tendinitis) : 10.3%[*]

아킬레스건염은 뒤꿈치와 종아리 아래쪽에 통증을 일으키며 달리기 부상의 10.3%를 차지한다. 주로 발이 과하게 안으로 굽는 '과회내(Overpronation)'나 종아리 근육이 약하면 생긴다. 특히 뒤꿈치로 착지하는 주자는 앞꿈치로 착지하는 주자보다 부상이 3.5배 많다는 연구 결과도 있다.

아침에 발목과 아킬레스건이 뻣뻣하게 느껴져 5분 이상 풀리지 않으면 의심해야 한다. 예방하려면 쿠션이 충분한 신발을 신고 스트레칭과 종아리 근력 운동을 꾸준히 해야 한다.

»»

③ 정강이 통증(Shin Splints) : 9.4%[*]

정강이가 뻐근하게 아픈 정강이 통증은 달리기 부상의 9.4%를 차지한다. 보통 과한 훈련으로 생기며 정강이 앞이나 안쪽에서 둔한 통증이 나타난다. 양쪽 다리 길이가 다르거나 평발 혹은 종아리 근육이 약하거나 긴장될 때도 발생할 수 있다. 낮은 케이던스(분당 발 착지 횟수)와 큰 보폭도 원인이 된다.

손으로 정강이를 눌렀을 때 아프거나 한 발로 뛰었을 때 통증이 심하다면 의심할 수 있다. 통증을 예방하기 위해서 훈련량을 서서히 늘리고 다리 정렬 문제와 근력 불균형을 개선해야 한다.

④ 장경인대증후군(ITBS, IlioTibial Band Syndrome) : 7.9%[*]

장경인대증후군(ITBS)은 무릎 바깥쪽에 통증을 유발하며 달리기 부상의 7.9%를 차지한다. 주로 오다리, 다리 길이 차이, 발의 과회내, 중둔근(엉덩이 옆 근육)의 약화 등으로 발생한다. 잘못된 달리기 자세(교차 보행)도 장경인대에 부담을 준다.

통증이 있는 쪽 다리에 체중을 싣고 무릎을 굽혔을 때 아프다면 장경인대증후군을 의심할 수 있다. 중둔근 강화 운동과 스트레칭 등을 통해 미리 예방하는 것이 좋다.

⑤ 족저근막염(Plantar Fasciitis) : 7.9%[*]

발바닥에 있는 족저근막이 무리하게 긴장되어 생기는 통증으로 달리기 부상의 7.9%를 차지한다. 평소에 발바닥 아치가 잘 유지되지 않거나 발목 유연성이 부족하면 뒤꿈치나 발바닥에 통증이 생길 수 있다.

아침에 일어나서 첫걸음을 디딜 때 뒤꿈치가 심하게 아프다면 족저근막염을 의심할 수 있다. 통증을 예방하기 위해서 너무 무리해서 달리지 말고 지지력과 쿠션이 충분한 신발을 신는 것이 좋다. 발바닥을 테니스공이나 얼음 물병으로 굴려 주는 마사지도 통증 완화에 도움이 된다.

지연성 근육통

물리치료사로서 근육통으로 내원한 고객을 치료할 때는 '운동 후 2~3일 됐을 때 가장 아프고, 그 뒤로 서서히 좋아질 거예요'라고 설명을 하곤 한다.

지연성 근육통(DOMS, Delayed Onset Muscle Soreness)은 달리기를 하면서 흔히 경험할 수 있는 근육통이다. 근육통은 사람마다 유지되는 기간과 강도의 정도가 다르지만, 평균적으로 운동 후 24~48시간 후에 최고조에 달하며, 통증이 점점 줄어들면서 4일에서 최대 7일 동안 지속된다.

달리기를 하고 난 다음 날 허벅지와 종아리가 뻣뻣해지고 계단을 내려가는 것조차 힘든 이유는 무엇일까? 달리는 동안 길어진 근육이 버티면서 몸에 가해지는 충격을 흡수하는 과정인 '신장성 수축'이 반복되

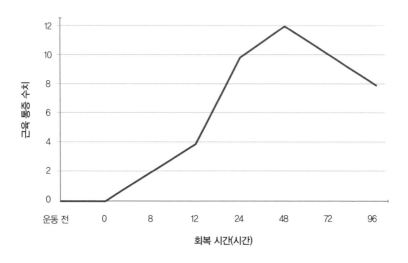

운동 후 시간별 근육 피로도 변화

근육 통증 수치

회복 시간(시간)

기 때문이다.

익숙하지 않은 자극이나 과부하가 근육을 미세하게 손상시키면, 그 결과로 지연성 근육통이 생긴다. 특히 내리막길 달리기는 이러한 손상을 더욱 극대화한다. 내리막길에서는 중력의 영향을 더 많이 받으며, 근육이 충격을 흡수하려고 강하게 작용한다. 이로 인해 신장성 수축이 더 강하게 일어나고, 근육 피로가 빠르게 진행된다.

하지만 지연성 근육통을 겪으며 근육이 적응하고 강해지면 같은 강도의 운동에서 통증이 점점 줄어든다. 이를 '반복적 운동 효과(Repeated Bout Effect)'라고 한다. 즉 지연성 근육통은 더 나은 달리기를 위한 훈련 과정의 일부다.

아이러니하게도 지연성 근육통을 줄이거나 예방하는 가장 효과적인

»>

방법의 하나는 내리막길 달리기 훈련이다. 많은 사람이 오르막길 훈련에 집중하지만, 내리막길에서도 근육이 적응하도록 훈련하는 것이 중요하다.

훈련은 경사가 낮은 완만한 내리막에서 짧은 거리로 시작한 뒤 점차 거리를 늘리고 경사를 높이는 방식으로 진행해야 한다. 강도는 천천히 증가시키며 무리하지 말자.

달리기가 끝난 뒤에는 10분 정도 스트레칭을 해 주는 것이 좋다. 운동 직후에 하는 정적인 스트레칭은 근육의 긴장을 풀어 지연성 근육통을 줄이는 데 도움을 준다. 달리기에서 많이 사용되는 하체 근육 부위 위주로 스트레칭을 하면 좋다. 한 동작 당 15~30초씩 유지하며 너무 아프지 않은 선에서 부드럽게 진행해 보자.

그리고 냉찜질도 열감, 통증, 부종을 줄이는 데 효과적이며 이 외에도 컴프레션 웨어(압박 의류)를 착용하거나 폼롤러와 마사지볼을 이용해 근육을 관리하는 방법도 효과적이다. 컴프레션 웨어는 혈액 순환을 도와 부종과 통증을 줄이고, 폼롤러와 마사지볼은 뭉친 근육을 풀어 주는 데 도움이 된다.

부상을
당했을 때

달리기 부상에서 초기 대처는 무엇보다 중요하다. 잘못된 방법으로 시간을 낭비하거나 부상을 방치하면 회복이 지연될 뿐만 아니라 더 큰 문제로 이어질 수 있다.

부상 직후 혈액 순환 증진

부상을 당한 뒤 최대 72시간까지는 급성기 기간으로 이 시기의 적절한 관리는 추후 회복 과정과 예후에 큰 영향을 미친다. 부상 직후에 통증과 부종이 심한 상태에서는 짧은 시간 냉찜질을 적용하는 것이 도움이 될 수 있다.

하지만 붓기가 가라앉은 후에는 부상 부위 회복을 위해서 혈액 순환 촉진을 유도하는 것이 더욱 중요하다. 혈류가 증가하면 손상된 조직에 산소와 영양소가 공급되어 회복을 돕는다. 동시에 근육을 이완시키고 통증을 유발하는 노폐물의 배출을 촉진한다.

따라서 급성기에 냉찜질만 하는 것은 회복을 위한 최고의 방법이 아니다. 부상 직후 냉찜질을 권장했던 가베 미르킨 박사도 이후 자신의 견해를 수정하며 '냉찜질은 초기 통증 완화에는 도움이 되지만, 이를 무작정 지속하면 회복 과정을 지연시킨다'고 강조했다. 그는 적절한 염증 반응이 조직 재생에 필수적인 요소이므로, 냉찜질은 짧은 시간 통증 경감 용도로 활용하되 회복을 위해서는 적절한 운동과 혈류 확보가 함께 이뤄져야 한다고 설명했다.

부상 직후 통증과 부종이 심하다면, 먼저 10~20분 동안 냉찜질로 급성 염증 반응을 완화하는 것이 좋다. 이후 통증이 심해지지 않는 범위에서 가벼운 걷기 같은 저강도 운동으로 혈액 순환을 촉진하면 추가적인 회복에 도움이 된다. 통증과 부종이 어느 정도 가라앉았다면 온찜질로 혈관을 확장하고 조직 재생과 노폐물 배출을 돕는 것이 좋다.

반면 통증과 부종이 크지 않을 때는 '능동적 회복' 전략이 효과적이다. 통증을 악화시키지 않는 안전한 범위에서 가벼운 스트레칭과 같은 움직임을 지속하면 회복 속도를 높일 수 있다.

심한 부상 의약품 활용

부상이나 통증이 심하다면 소염진통제(NSAIDs)를 복용하거나 파스를 사용할 수 있다. 소염진통제는 염증 매개 물질의 생성을 억제해 염증과 통증을 줄이는 데 효과적이다. 파스를 사용한다면 약국에서 구매할 수 있는 소염진통제 성분을 함유한 패치, 연고, 스프레이 같은 제품이 도움을 줄 수 있다.

패치형 제품은 장시간 효과를 유지한다는 장점이 있다. 다만 파스 사용 시에는 한 부위에 12시간 이상 붙이지 않도록 주의하며, 연속 사용 기간은 1~2주를 초과하지 않는 것이 좋다.

약물을 사용하지 않고 염증을 완화하는 방법도 고려할 수 있다. 마사지나 스트레칭은 근육 긴장을 풀어 주고 혈액 순환을 촉진해 염증 물질 제거를 돕는다. 마지막으로 충분한 수면과 단백질, 오메가3 지방산이 포함된 균형 잡힌 식단을 통해 자연적인 회복을 촉진하는 것이 좋다.

재발 방지 체형에 따른 자세 교정

통증이 3~6개월 이상 지속되면 만성 통증으로 분류된다. 만성 통증이나 반복된 부상에는 단순히 약물에만 의존하기보다는 자세 교정을 통해 관리하는 것이 더 바람직하다. 약물은 통증을 일시적으로 완화해 줄

수는 있지만, 근본적인 원인을 해결하지 못하기 때문에 통증이 다시 되풀이될 가능성이 크다.

반면 자세 교정은 잘못된 신체 정렬이나 움직임 패턴을 바로잡아줌으로써 부상과 통증의 근본적인 원인을 해결하는 데 도움을 준다. 만약 같은 부위에 통증이 재발하는 상황이라면, 취약한 부위를 찾아 강화하는 보강 운동에 집중해야 한다.

달리기 안정성을 높이는
보강 운동

달리기를 하다 보면 힘이 빠져 '털레털레' 뛰게 되는 상황이 올 때가 있다. 주로 몸을 지탱하는 소근육들이 지쳐 자세가 흐트러지는 것이 원인이다. 달리기 자세가 무너지면 달리면서 생기는 충격을 제대로 분산하지 못해 무릎이나 발목 같은 관절에 부담이 집중된다. 사실 안전한 달리기를 하기 위해서 전신의 근육을 활용해 지면 반발력을 흡수해야 한다. 결국 '털레털레' 달리는 습관은 무릎이나 발목에 과도한 부담을 줄 수 있기 때문에, 몸의 중심을 튼튼히 지지해 줄 보강 운동을 익혀 두는 것이 좋다.

맥길 빅 3

달리기의 안정성을 높이려면 우선 코어(척추와 골반 주변 근육)를 강화해야 한다. 대표적인 코어 안정화 운동인 '맥길 빅 3(컬업, 버드독, 사이드 플랭크)'를 꾸준히 하면 허리, 복부, 엉덩이가 균형 있게 발달해 흔들림 없는 주행이 가능해진다.

① 컬업(Curl Up)

등을 바닥에 대고 눕는다. 복부에 힘을 주면서 상체를 살짝 들어올렸다가 천천히 내려오는 동작을 반복한다. 허리는 바닥에 가깝게 유지한다.

② 버드독(Bird Dog)

네발기기 자세에서 한쪽 팔과 반대쪽 다리를 동시에 뻗으며 몸통이 흔들리지 않도록 주의한다. 상체와 하체가 일직선이 되도록 신경 쓴다.

③ 사이드 플랭크(Side Plank)

옆으로 누운 자세에서 팔뚝을 바닥에 짚고 골반을 들어올린다. 머리부터 발끝까지 일직선을 유지하며 허리가 구부러지지 않도록 조심한다.

맥길 빅 3를 통해 척추와 골반이 안정되면, 달릴 때 신체에 과도한 부담이 가는 것을 예방하고 상체가 좌우로 흔들리지 않도록 지지해 줄 수 있다.

달리기 안정성을 높이는 보강 운동 2
발목 안정성 강화

달릴 때 발목이 흔들리면 신체로 오는 충격량이 높아져서 달리기 부상의 위험이 커질 수 있다. 발의 내재근부터 발목 주변의 근육 및 인대까지 안정적으로 지지되어야 착지 시 충격이 고르게 흡수되고 추진력도 유지된다. 눈을 감고 한 발로 20~30초간 서서 균형을 잡는 테스트를 해 보자. 만약 오른발은 괜찮지만 왼발이 불안정하다면, 왼발을 집중적으로 보강하는 것이 좋다.

① 불안정한 표면 위에서 한 발 서기
밸런스 패드 같은 말랑한 표면에 한 발로 서 본다. 지지하는 힘이 크게 요구되므로, 발바닥 아치부터 발목 근육과 인대까지 폭넓게 단련할 수 있다.

② 눈 감고 균형 잡기
시각 정보를 차단하면 몸의 위치 감각(고유수용감각)에 더욱 의존하게 된다. 이 과정으로 발과 발목이 미세 조정을 익히고 안정적으로 균형을 잡는다.

③ 짧은 거리 제자리 점프

낮은 높이에서 가볍게 점프하며 착지자세를 점검한다. 발바닥이 지면에 닿는 순간 충격을 흡수하기 위해 발과 발목, 종아리, 무릎이 협력한다.

발목의 안정성이 좋아지면, 달리기 후반부에도 자세가 쉽게 무너지지 않아 페이스를 꾸준히 유지하기가 훨씬 수월해진다.

달리기 안정성을 높이는 보강 운동 3
엉덩이 근육(중둔근) 강화

달리기에서는 한쪽 다리가 지면을 디디는 동안 다른 쪽 다리는 공중에 있다가 체중을 지탱하는 동작을 번갈아 반복한다. 만약 엉덩이 옆쪽 근육(중둔근)이 약하면 골반이 기울어지거나 뒤틀려 신체에 부담을 줄 수 있다.

① 사이드 워킹

저항 밴드를 무릎이나 발목에 걸고 옆으로 천천히 이

동한다. 상체가 과도하게 흔들리지 않도록 주의하면서 엉덩이 옆쪽 근육이 긴장되는 느낌을 유지한다.

② 클램쉘(Clamshell)

옆으로 누워 무릎을 굽힌 상태에서 양쪽 무릎을 붙였다가 위쪽 무릎을 천천히 들어올리고 다시 내리는 과정을 반복한다. 조개 껍데기가 열리고 닫히는 모습을 떠올리면 쉽다. 골반이 돌아가지 않도록 주의하면서 엉덩이 바깥쪽 근육이 수축하는 느낌을 찾는다. 중둔근이 강하면 골반이 안정되어 보폭이 흔들림 없이 유지되고 무릎과 발목도 협력해 추진력을 높일 수 있다.

달리기 기록 향상을 위한 보강 운동

① 고중량 저항 운동

달리기 기록을 높이려면 중강도–고강도 근력 및 파워 강화 훈련이 도움이 된다. 특히 1RM의 80% 이상에 해당하는 고중량 저항 운동은 1km를 5분 이내로 달리는 수준의 페이스에서 러닝 이코노미를 개선하는 데 효과가 크다.

실제로 8주간 주 3회, 한 세트당 4회씩 4세트의 고중량 스쿼트를 수행한 결과, 달리기 경제성이 유의미하게 향상됐다는 연구도 있다.[*] 즉 파워리프팅처럼 짧고 강력한 근력 운동을 병행하면 달리기 자세와 힘

전달 능력이 좋아져 기록 단축에 큰 도움이 된다.

또한 고중량 운동은 단순히 근육량을 늘리는 데 그치지 않고, 달리기에 핵심적인 '속근섬유'의 기능을 강화한다. 이 섬유가 발달하면 발구름마다 강한 추진력을 내어 지면에서 효율적으로 튀어 나갈 수 있다. 하지만 무리하게 운동 빈도나 무게를 높이면 부상 위험이 커지므로 반드시 점진적 과부하 원칙을 지켜야 한다.

② 점프 훈련(플라이오메트릭)

러닝 이코노미를 한층 끌어올리려면 점프 훈련이 큰 도움이 된다. 말 그대로 반복적인 점프 동작을 통해 순간적인 파워를 키우는 방식이다. 예를 들어 상자를 놓고 점프하면서 좌우로 이동하거나 상자 위로 올라갔다가 다시 내려오는 동작 등을 할 수 있다. 착지 시 근육이 빠르게 늘어났다 줄어드는 과정에서 탄성 에너지가 축적·방출되는데, 이를 효율적으로 활용하면 짧은 시간에 상당한 힘을 낼 수 있다. 점프 훈련은 발과 발목의 기능성, 종아리의 탄력, 무릎과 허벅지 근력을 고르게 키워 더 안정적인 달리기를 가능케 한다.

물론 점프 훈련 역시 부상의 위험이 따를 수 있으므로 초보 단계에서는 무릎과 발목의 안정성을 먼저 확보하는 것이 좋다. 착지할 때 무릎이 안쪽으로 쏠리지 않도록 주의하고, 통증이 느껴지면 바로 훈련 강도를 낮추거나 휴식을 취해야 한다. 점차 적응하면서 점프 횟수나 상자 높이를 서서히 늘려 나가면 파워 향상을 극대화할 수 있다.

보강 운동 예시

- **빈도 :** 주 2~3회(고강도 근력 운동과 점프 훈련을 번갈아 실시)
- **강도 :** 1RM의 80% 이상 고중량을 목표로 하되, 주차 별로 5~10%씩 단계적으로 증량
- **시간 :** 안정화 운동 30~60초, 3세트/고부하 저항 운동 8~12회, 3세트/점프 훈련 10~20회, 2~3세트

테이핑 요법이란

많은 러너가 달리기 부상을 예방하고 관리하기 위해 테이핑을 활용한다. 마라톤 대회 현장에서는 키네시오 테이프와 비탄력성 테이프를 부착한 러너들을 흔히 볼 수 있다. 두 테이프는 각기 다른 특성을 보이며 상황에 따라 적절히 사용할 수 있다.

키네시오 테이프는 1970년대 겐조 카세(Kenzo Kase) 박사가 개발한 탄력 있는 치료용 테이프다. 원래 길이의 120~140%까지 늘어나 피부를 살짝 들어올림으로써 혈액과 림프액 순환을 촉진해 준다. 근육 피로 완화와 회복에 큰 도움이 되며 마라톤 대회 현장에서도 장거리 주자들이 회복이나 만성 통증 관리 목적으로 자주 활용한다.

비탄력성 테이프는 이름 그대로 신축성이 없어 일종의 '깁스'처럼 작용하며, 관절을 단단히 고정해 과도한 움직임을 제한해 준다. 급성 발목 염좌나 무릎 불안정성 등 관절 보호가 시급할 때 사용하기 적합하다. 이러한 특성 덕분에 부상 초기 안정화가 필요한 상황에서 사용된다.

테이핑 요법이 효과적일까

테이핑 요법의 효과에 대해서는 여전히 논란이 많다. 가장 큰 이유는 키네시오 테이프의 효과가 실제로 있는지 명확히 증명되지 않았기 때문이다. 일부 연구에서는 테이핑이 피부 아래 조직의 압력 분포를 약간 바꾸거나 혈류량을 늘릴 수 있다고 주장하지만, 뒷받침하는 명확한 데이터는 제한적이다.

문제를 더 복잡하게 만드는 건 테이핑 방법이 제각각 다르다는 것이다. 인터넷 검색만 살펴봐도 테이프를 붙이는 위치나 방식, 테이프를 늘이는 정도, 유지 시간 등이 서로 달라 동일한 통증 부위여도 어떤 사람은 효과를 느끼고, 또 다른 사람은 전혀 변화를 느끼지 못하기도 한다.

그래서 테이핑의 안정감이 결국 '플라시보 효과'라는 의견도 있다. 즉 테이핑으로 인해 '보호받고 있다'고 느끼면 뇌가 통증을 덜 인식하게 된다는 것이다.

실제로 스포츠 테이프를 쓰는 러너 중에는 도움을 받았다고 느끼는 경우가 많다. 연구에 따르면 테이핑이 객관적 효과는 크지 않지만,[*] 주관적 효과는 어느 정도 보이는 경우가 많았다. 특히 물리치료사나 의사의 권장으로 테이핑을 사용했을 때 증상 완화 효과가 더 높게 나타나는 경향이 있었다.[*]

테이핑 요법은 무의미할까? 그렇다고 말할 순 없다. 달리는 동안 통증이 줄고, 심리적으로도 편안해진다면 이미 어느 정도 가치는 있다고 볼 수 있기 때문이다.

다만 통증이 심한 상태에서 테이핑에 의지해 무리하게 달리기 하는 것은 위험하다. 테이핑은 어디까지나 보조 수단이라고 생각하자. 만약 통증이나 부상을 확인했을 때는 원인을 정확히 진단하고 휴식과 전문 치료를 병행하면서 재활훈련을 해야 한다.

회복과
수면

달리기 직후 회복 방법

달리기를 한 뒤에는 어떤 방법이 회복에 가장 효과적일까? 이를 알아보기 위해 독일의 한 연구팀이 흥미로운 실험을 진행했다.* 아마추어 러너 46명을 대상으로 하프 마라톤을 뛰게 하고, 이후 각각 조깅, 찬물 반신욕, 마사지, 가만히 있기 등 네 가지 회복 방식 가운데 한 가지만 실시하도록 했다. 그리고 달리기 전·직후·24시간 후 시점에 근력, 근육통, 피로한 정도, 근육 손상(크레아틴 키나아제) 같은 생리적 지표를 측정했다.

결과에 따르면 하프 마라톤을 마친 뒤 최소 24시간 동안은 피로가 상당히 높게 유지됐다. 그중 찬물 반신욕과 마사지는 근육통이나 '내 몸이 회복되고 있다'는 주관적 감각을 높이는 데 유리한 것으로 나타났다. 특히 찬물 반신욕은 근육통과 스트레스를 줄이는 데 좋았고, 마사지는 통증 완화와 더불어 주관적 회복감을 크게 끌어올렸다. 다만 두 방법 모두 크레아틴 키나아제(CK) 수치와 같은 '근육 손상'을 반영하는 지표를 극적으로 개선하지는 못했다. 즉 느낌은 좋아졌으나 실제 근육 손상이 개선된 것은 아니었다.

또한 흥미로운 점은 가벼운 러닝 형태인 조깅이 오히려 CK 수치를 더 높이고 회복감도 떨어뜨린다는 것이다. '완주 직후 가볍게 달리기로 몸을 풀어 주면 좋다'는 통념과 달리 이 연구에서는 오히려 부정적 영향을 확인했다.

결론적으로 하프 마라톤 뒤 찬물 반신욕이나 마사지를 활용하면 근육통을 다소 줄이고 '회복되는 느낌'을 높이는 데 도움이 된다. 반면 조깅은 오히려 회복에 부정적 영향을 미칠 가능성이 있고, 가만히 있기(수동적 휴식)는 비교 기준일 뿐 특별한 효과를 내지는 못했다.

결국 네 가지 방법 중 어느 것도 실질적인 근육 손상 지표를 눈에 띄게 낮추진 못했다. 무엇을 택해도 큰 효과가 없는 이상 자신에게 맞는 회복 방식을 찾으면서 '내가 정말로 괜찮은 상태인가'를 주관적·객관적으로 잘 살펴야 할 것이다.

회복 방법에 따른 근육통 완화와 회복 효과 분석

회복 방법	근육통 완화	주관적 회복감	근육 손상	특이사항
조깅	큰 변화 없음	오히려 낮아짐 (악화)	높아짐 (부정적)	15분간 가벼운 조깅. 피로 회복에 안 좋게 작용할 수 있음
찬물 반신욕	개선 효과 있음	스트레스 감소로 회복감 상승	큰 변화 없음	15도 물에 하반신을 15분간 담금. 근육통·스트레스 완화에 확실히 좋지만, 손상 지표 개선은 미미함
마사지	개선 효과 있음	'몸이 나아진 느낌' 상승	큰 변화 없음	20분간 스포츠 마사지. 통증 감소와 주관적 회복감 향상에 유리함
가만히 있기	비교 기준	비교 기준	비교 기준	별다른 처치 없이 15분간 앉아 휴식. 다른 방법과 비교할 때 기준 역할

달리기와 수면

늦은 시간에 달리기를 권장하지 않는 이유는 수면에 방해가 되기 때문이다. 운동을 하고 난 후 몸이 정상 상태로 돌아오는 데는 약 2~3시간이 필요하다. 따라서 오후 11시에 잠자리에 들고 싶다면, 오후 8시 전에는 달리기를 마치는 것이 좋다. 되도록 오후 9시 이후에는 달리기를 피하자. 그래도 정 달리고 싶다면 가능한 한 아주 낮은 강도로 달리자.

① 교감신경의 흥분

달리기는 심박수와 혈압을 높이고, 에너지 대사를 촉진한다. 따라서 늦은 밤에 달리기를 하면 신체가 이완되지 않은 상태에서 잠자리에 들게 되므로 잠이 잘 안 오게 된다.

② 체온의 상승

잠들기 전에는 체온이 점점 낮아진다. 반면 달리기를 하면 신체 활동으로 인해 체온이 상승한다. 체온이 상승한 상태에서는 잠들기가 어렵다. 여름날 열대야에 잠이 안 오는 것과 비슷한 상황이다.

③ 호르몬 변화

늦은 밤은 원래 우리 몸이 쉬어야 하는 시간이다. 이때 달리기를 해버리면 스트레스 호르몬인 코르티솔이 다량 분비된다. 코르티솔이 분비되면 몸이 긴장 상태에 돌입하고, 멜라토닌 분비가 줄어들어 수면이 더욱 방해된다.

자고 일어나서 바로 달려도 되나

아침에 일어나자마자 무작정 달리는 것보다는 몸이 적응할 시간을 충분히 주고 나서 달려야 한다.

① 잠에서 깬 후 30분~60분 정도 기다린다. 생체 시계가 휴식 모드에서 활동 모드로 전환되기 충분한 시간이다. 체온도 충분히 올라간다.

② 아침 달리기 30분 전에 물 한 컵(300~500ml)을 천천히 마시자. 수면 중에는 물을 섭취하지 못하며 땀과 호흡을 통해 수분이 손실되기 때문에 기상 직후는 체내의 수분이 가장 부족한 상태이다. 이 상태에서 수분 보충 없이 달리기를 하면 탈수 상태에서 달리기를 하는 것과 같다.

③ 뜀뛰기와 같은 준비 운동을 먼저 하고, 달리기는 느린 속도부터 시작하며 몸을 단계적으로 깨우는 것이 좋다. 그러면 혈압이 안정적으로 상승하고 근육, 관절과 에너지 대사가 운동에 적합한 상태가 된다.

④ 달리기를 시작하고 나서도 주의할 것은 너무 피곤하거나 몸이 뻣뻣하다면 절대 무리하지 말고 강도를 낮추는 것이 좋다.

불면증을 치료하는 달리기 방법

달리기는 불면증 해소에 효과적이다. 누워도 잠들기 어려운 사람들에게 가장 적합한 달리기 방법에 대해 알아보자.

① 골든 타임

숙면을 위한 최적의 달리기 시간은 아침과 저녁이다. 아침 달리기는 낮 동안 활력을 주고 밤에 더 쉽게 졸음을 유도한다. 특히 햇빛을 받으며 달리면 세로토닌-멜라토닌 수면 호르몬 사이클을 개선하고 비타민 D 합성도 증가한다.

저녁 달리기에 좋은 시간은 오후 5~7시이다. 퇴근 후 첫 일정을 달리기로 시작하는 건 어떨까? 이 시간대에는 신체가 하루 중 가장 활성화되어 스트레스 관리와 이완에 도움이 된다. 또한 체온이 자연적으로 하강하기 시작하는 시점과 운동 후 체온 하강이 동기화되어 수면 준비를 돕는다. 단, 잠들기 최소 3시간 전에는 운동을 마무리해야 숙면을 방해하지 않는다.

② 낮은 강도의 달리기

고강도 달리기는 교감신경을 과도하게 자극하고 코르티솔 분비를 증가시켜 수면을 방해할 수 있다. 또한 체온과 심박수가 정상으로 돌아오는 데 시간이 오래 걸리며, 멜라토닌 분비도 지연된다.

반면 ZONE 2 이하의 저강도 달리기는 교감신경 자극이 적어 부교감신경의 이완 효과를 촉진해 불면증 완화와 수면의 질 개선에 도움이 된다. 연구에 따르면 단 3개월 정도의 규칙적인 달리기 습관만으로도 불면증 환자의 수면 상태가 개선된 사례가 보고되었다.

PART 05

마라톤
실전

마라톤
준비

국내 마라톤 대회를 찾으려면 대회 일정과 신청 정보를 한곳에 모아 둔 마라톤 온라인(http://www.marathon.pe.kr) 사이트를 이용하면 된다. 참가 신청은 몇 달 전부터 시작하는 경우가 많으니 미리 일정을 확인해 두는 것이 좋다.

마라톤 대회에는 제한 시간이 있다. 하프 마라톤은 2시간 30분, 풀 마라톤은 5시간이 일반적이다. 도로 교통을 오랜 시간 통제하기 어렵기 때문에 제한 시간을 두는 것이다. 제한 시간 내에 도착하지 못하면 인도로 이동하거나 대회에서 운영하는 회송 버스를 이용해야 한다. 체력이 남았는데도 끝까지 완주하지 못하는 상황이 벌어지면 난감할 것이므로 대회의 제한 시간을 미리 파악해 두자.

풀 마라톤을 준비 중이라면 대회 한 달 전에 10km나 하프 마라톤에

한 번 출전해 보자. 페이스 조절하는 법, 물을 언제 마셔야 하는지, 에너지를 어떻게 보충해야 하는지 등을 직접 경험할 수 있기 때문이다.

마라톤 훈련 4단계

마라톤 준비 기간은 보통 16~20주(약 4~5개월) 정도가 적당하다. 특히 첫 풀 마라톤이라면 최소 6개월에서 1년 정도의 여유를 두는 것이 안전하다. 체력, 속도, 기술 등을 균형 있게 연습하기 위해서 4단계의 훈련 프로그램을 추천한다.

① 유산소 기초 단계

첫 번째 단계에서는 주행 거리를 점진적으로 늘려 지구력을 키우고 몸을 준비한다. 낮은 강도로 조깅을 하거나 느린 속도로 장거리 달리기(LSD, Long Slow Distance)를 한다.

② 고강도 훈련 단계

기초 단계에서 쌓은 지구력을 바탕으로 고강도 훈련을 시작한다. 주 1~2회 언덕 달리기, 인터벌, 템포런 등을 통해 근력과 속도를 기른다.

③ 레이스 대비 단계

앞 단계에서 쌓은 지구력과 속도를 결합해 빠르고 오래 달릴 수 있도록 훈련한다. 훈련 강도가 가장 높아지는 시기다.

④ 최종 조정 단계

고된 훈련으로 지친 몸을 회복하면서 최상의 컨디션을 만든다. 보통 대회 2~3주 전에 훈련량을 최대 60% 정도로 줄이고, 페이스는 유지하며 달리는 시간만 줄인다. 체력은 유지하면서 피로를 최소화해 대회 당일 최상의 상태를 만드는 것이 목표다.

마라톤 레이스 당일

대회 당일에는 1~2시간 전에 도착해서 짐 보관, 환복, 워밍업 등을 여유롭게 준비하는 것이 좋다. 평소와 다른 스트레칭이나 새 신발·의류는 피하자.

아침 기온이 낮을 수 있으니 체온 유지에도 신경 써야 한다. 비가 예보되어 있다면 일회용 우비를 준비해 몸이 젖지 않도록 하고, 달리기 전에는 충분한 워밍업으로 몸을 풀어 준다.

당일 긴장감으로 소변이 더 마렵거나 장이 예민해질 수 있으니 화장실은 미리 이용하도록 한다. 대회장 주변 화장실에 사람이 많을 수 있으므로 지하철역 등 인근 화장실 위치도 미리 파악해 두면 편리하다.

마라톤 전략 및 노하우

대회 초반에는 자신의 페이스를 유지하기 어렵다. 사람에 휩쓸려 속도 감각을 잃거나 오버페이스하는 경우가 많기 때문이다.

마라톤 페이스 조절법은 세 가지가 있다. 초반에 느리게 시작해 후반에 빠르게 달리는 A 방법(네거티브 스플릿), 일정한 페이스를 유지하는 B 방법(이븐 스플릿), 초반에 빠르고 후반에 느려지는 C 방법(포지티브 스플릿)이다. 경험이 많은 러너는 마라톤에서 A 방법을 더 자주 사용한다.[*] 반대로 C 방법은 피해야 한다. 초반 오버페이스는 전체 기록을 크게 떨어뜨리기 때문이다.[*]

대회장에 설치된 거리 표지판은 스마트 워치보다 더 정확하다. 스마트 워치는 GPS 신호나 주변 환경에 영향을 받기 때문이다. 표지판은 보통 5km 간격마다 설치되므로, 목표 기록을 5km 단위로 설정하면 체계적으로 페이스를 관리할 수 있다.

예를 들어 5km당 30분 이내로 달리겠다고 목표를 세우면, 구간마다 표지판을 보면서 자신의 기록을 체크해 보면 된다. 이런 방식으로 꾸준히 구간별 목표를 확인하면 당일 페이스 조절에 큰 도움이 될 것이다.

»»»

마라톤 필수 체크리스트

- **코스 숙지** : 공식 자료를 통해서 코스의 경사도, 반환점, 급수대와 화장실은 몇 km 간격으로 있는지 확인한다.
- **옷차림 준비·테스트 주행** : 대회 당일에 입을 옷과 신발, 보급품을 미리 훈련에서 점검한다.
- **카보로딩** : 탄수화물 섭취를 늘려 글리코겐을 최대한 축적하면 더 잘 달릴 수 있다.
- **보급·급수 계획** : 대회 중 몇 km마다 무엇을 얼마나 섭취할지 미리 정한다. 달리면서 물을 마시는 것도 연습해 보면 좋다.
- **대회장 구조 파악** : 대회장에서 길을 잃거나 화장실 줄이 길어 시간을 지체하는 일이 생각보다 흔하다. 사전에 짐 보관 장소, 화장실 위치 등을 숙지하자.
- **배번** : 사전에 배송받거나 현장에서 배부된다. 전날에 미리 대회복에 부착해 두는 편이 좋다.
- **대회복** : 장거리 훈련에서 입어 봤던 옷을 입는다. 새 옷은 피부가 쓸리기 쉬우므로 피하는 것이 좋다.
- **러닝화** : 평소 훈련에서 신었던 신발을 신는다. 새 신발은 되도록 피하자.
- **보급(간식·에너지젤)** : 어떤 식품을 어떻게 휴대할지(러닝 벨트, 바지 주머니 등) 미리 준비한다.
- **당일 날씨 확인** : 날씨 예보를 확인하여 옷차림을 알맞게 준비한다.

마라톤 준비물

- **선글라스** : 달릴 때 바람과 눈부심을 막아 준다. 그리고 힘든 표정을 가려줘서 여유롭게 달리는 듯한 사진을 찍을 수 있다.
- **일회용 우비** : 레이스 전에 얇은 티셔츠만 입고 있으면 춥다. 출발 직전 일회용 우비를 입고 있으면 체온을 유지하는 데 도움이 된다.
- **토시** : 햇빛을 차단하는 용도지만, 에너지젤을 휴대하는 용도로도 사용된다.
- **샤워 티슈** : 달리기 후 간편하게 몸을 닦을 수 있다.
- **니플 패치** : 젖꼭지를 보호하는 아이템이다. 훈련 때 미리 사용해 보는 것이 좋다.
- **바셀린** : 사타구니 등 쓸림이 심한 부위에 미리 발라 피부를 보호한다.

카보로딩

카보로딩(Carbohydrate Loading)이란, 말 그대로 탄수화물(카보)을 채워 넣는다(로딩)는 개념이다. 러너가 대회 전 며칠 동안 탄수화물을 평소보다 더 많이 섭취하여 근육과 간에 글리코겐을 최대한 쌓아 두는 전략을 말한다.

예를 들어 마라톤을 앞둔 시점에 일부러 빵이나 밥, 파스타 같은 탄수화물 음식들을 집중적으로 많이 먹어 두는 것이다. 이렇게 하면 경기 후반에 글리코겐이 급격히 바닥나는 현상을 늦추거나 어느 정도 막을 수 있어 오랫동안 안정적으로 페이스를 유지할 수 있다.

글리코겐 저장량과 카보로딩의 필요성

일반 성인의 몸에는 평균 400~500g 정도의 글리코겐이 저장되어 있으며, 고강도 유산소 운동이나 장시간 달리기를 할 때 이 글리코겐이 핵심 연료 역할을 한다.

특히 VO2max의 약 90~95% 수준에서 에너지를 공급하는 비중이 큰데, 하프 마라톤 이상의 장거리 경기에서는 글리코겐이 고갈되는 순간 경기력이 급격히 떨어지기 쉽다. 이를 예방하는 카보로딩은 경기력을 좌우하는 필수 전략이다.

카보로딩이란 평소보다 훨씬 많은 양의 탄수화물을 섭취해 체내 글리코겐 저장량을 일반 수준 대비 50% 이상 늘리는 것을 목적으로 한다. 대회 전 36~48시간 동안 매일 체중 1kg당 10~12g의 탄수화물을 섭취하면 글리코겐 저장량이 700~900g까지 증가할 수 있다.

체중이 60kg인 러너라면 하루 600~720g을 섭취하는 셈이다. 이는 경기 막바지에 찾아오는 글리코겐 고갈을 예방하고, 최상의 경기력을 유지하는 데 결정적 역할을 한다.

카보로딩 하는 방법

① 경기 2~3일 전

체중 1kg당 10~12g의 탄수화물을 섭취한다. 저섬유질 식단을 병행하면 소화 부담을 줄일 수 있다. 흰 쌀밥, 파스타, 바나나, 감자, 스포츠음료 등이 적합하다. 글리코겐과 수분의 저장으로 인해 체중이 1kg가량 늘 수 있지만, 이는 성공적인 로딩의 신호다.

② 경기 당일

출발 2~4시간 전에 체중 1kg당 1~4g의 탄수화물을 섭취한다. 지방과 섬유질이 적고 소화가 빠른 음식인 바나나, 오트밀, 흰 빵, 꿀 등이 적합하다.

③ 경기 중

시간당 30~60g의 탄수화물을 섭취하자. 3시간 이상 달린다면 최대 90g까지 늘릴 수 있다. 스포츠 젤, 에너지 바, 스포츠음료 같이 GI 지수가 높은 식품은 혈당을 빠르게 올려 경기 후반부 피로를 줄이고 에너지 공급을 지속한다.

카보로딩 전 저탄수 / 무탄수 식단

전통적인 카보로딩 방식은 다음과 같다. 먼저 대회 1주 전, 3~4일 동안 탄수화물을 거의 섭취하지 않고 운동한다. 짧은 기간 동안 글리코겐을 완전히 고갈시키는 것이다. 그다음 고탄수 식단을 하면 글리코겐을 더 많이 저장할 수 있다고 여겨졌다.

하지만 탄수화물을 섭취하지 않는 식단은 신체에 부담을 주고, 기록 향상 효과도 크지 않다고 밝혀졌다.

최근 저탄고지 식단이 유행하면서 저탄수·무탄수 식단에 관한 관심이 다시 높아지고 있다. 일부 전문가는 지방 대사의 중요성을 강조하며 저탄고지 식단이 지구력 스포츠에 더 적합하다고 주장한다.

그러나 저탄고지 식단이 유리한지에 대해서는 논란이 있다. 2016년과 2020년 루이스 버크(Louise Burke)와 연구팀은 정상급 경보 선수들을 대상으로 저탄고지와 고탄수 식단을 비교하는 실험을 두 차례 진행했다.[*] 실험 결과 저탄고지 식단을 따른 선수들의 기록은 향상되지 않았고 오히려 느려졌다.

반면 고탄수 식단을 유지한 선수들은 기록이 개선되었다. 특히 저탄고지 식단을 따른 선수들은 실험이 끝난 후 고탄수 식단으로 전환했음에도 불구하고 2주 동안이나 경기력이 회복되지 않았다.

이 연구는 저탄고지 식단의 한계를 명확하게 보여 준다. 결국 저탄고지 식단은 달리기 기록을 향상시키지 못하며 오히려 경기력을 떨어뜨릴 가능성이 크다. 마찬가지로 카보로딩 전에 저탄수·무탄수 식단을 시도하는 것도 효과적이지 않다.

대회 전후 및 중 탄수화물, 수분, 카페인 섭취 가이드라인

구분	권장 사항	예시
대회 전 탄수화물 섭취	• 대회 36~48시간 전부터 체중 1kg당 하루 10~12g 탄수화물 섭취 • 탄수화물 : 물 섭취 비율을 1 : 3으로 유지	체중 60kg인 경우 : 하루 600~720g 탄수화물 섭취, 하루 2L의 물 섭취
대회 전 식사	• 대회 1~4시간 전에 체중 1kg당 1~4g의 탄수화물 섭취 • 워밍업 이후 섭취하면 흡수 효율 향상	체중 60kg인 경우 : 60~240g 탄수화물 섭취
대회 중 탄수화물 섭취	• 활동 시간이 1~2시간 경우 시간당 30~60g 섭취 • 2시간 30분 이상 지속 시 최대 90g까지 섭취 가능	체중 60kg인 경우 : 급수대마다 멈추어 에너지젤 1개(탄수화물 약 25~30g)와 물을 함께 섭취
대회 중 수분 섭취	• 체중 대비 수분 손실을 2~3% 이내로 유지 • 개인 땀 배출량에 따라 적절한 급수량을 훈련 중 테스트	체중 60kg인 경우 : 시간 당 400ml의 수분 섭취 권장, 땀 배출량이 많으면 추가 섭취 필요
카페인 섭취	• 대회 시작 전 또는 대회 중 체중 1kg당 3~6mg 섭취 • 개인의 카페인 내성에 따라 조절	체중 60kg인 경우 : 180~360mg 섭취, 카페인 음료, 에너지 음료, 카페인 캡슐 활용 가능

경기 직전 에너지젤을 먹으면 안 되는 이유

국제스포츠영양학회(ISSN)는 '경기 직전 탄수화물 섭취는 지방 사용을 줄일 수 있어 주의가 필요하다'라고 말했다.[*] 탄수화물을 먹으면 지방을 에너지로 사용하지 않는다는 내용은 처음에는 이해하기 어려울 수 있지만, 우리 몸의 에너지 시스템을 알면 쉽게 이해할 수 있다.

경기 직전에 에너지젤이나 초코바 같은 빠르게 흡수되는 탄수화물을 섭취하면 혈당(혈액 내 포도당 농도)이 빠르게 상승한다. 이를 '혈당 스파이크'라고 부르며, 혈당이 급격히 올라가면 신체는 이를 조절하기 위해 인슐린이라는 호르몬을 폭발적으로 분비한다.

체내 인슐린 농도가 높아지면 혈액 속 포도당이 세포로 빠르게 흡수되면서 혈당이 급격히 떨어진다. 이를 '반동성 저혈당'이라고 한다. 동시에 신체는 '방금 섭취한 탄수화물로 에너지를 충분히 얻었다'고 판단해 체지방을 에너지로 전환하는 과정(지방 연소)을 억제한다.

쉽게 말하면 결국 경기 직전에 섭취한 탄수화물로 인해 체내 지방 연소율이 낮아지고, 시합 도중에 지방이 활용되지 않고 글리코겐만이 주된 에너지원으로 소모된다. 즉 비효율적인 경기 운영이 될 수 있다는 것이다. 여기서 문제가 발생하는데, 체내에 저장된 글리코겐은 약

훈련 주기별 피로와 성능 변화 패턴

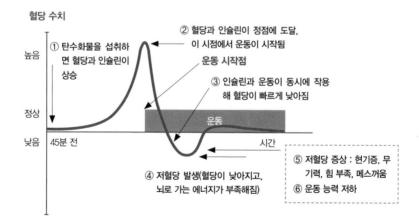

혈당 수치

① 탄수화물을 섭취하면 혈당과 인슐린이 상승

② 혈당과 인슐린이 정점에 도달, 이 시점에서 운동이 시작됨
운동 시작점

③ 인슐린과 운동이 동시에 작용해 혈당이 빠르게 낮아짐

높음 / 정상 / 낮음 / 45분 전 / 운동 / 시간

④ 저혈당 발생(혈당이 낮아지고, 뇌로 가는 에너지가 부족해짐)

⑤ 저혈당 증상 : 현기증, 무기력, 힘 부족, 메스꺼움
⑥ 운동 능력 저하

500~700g(약 2,000~2,800kcal)에 불과하다. 반면 지방은 수십만 kcal 까지도 저장할 수 있어 장거리 경기에서 중요한 에너지원이다.

따라서 경기를 효율적으로 운영하고 싶다면, 시합 직전 탄수화물 섭취를 하지 않는게 좋다. 그래야만 글리코겐과 지방을 함께 사용하는 달리기를 할 수 있다.

경기 도중에는 에너지젤을 먹어도 괜찮은 이유

경기가 시작되고 10분 정도가 지나면 교감신경계가 활성화되어 근육으로 향하는 혈류량이 많이 증가한다. 이때 소화 기관으로 가던 혈액도 근육으로 몰리므로, 탄수화물을 섭취해도 인슐린이 과도하게 분비되지 않는다.

또한 운동 중에는 근육세포가 AMPK(AMP-activated protein kinase)라는 경로를 이용해 인슐린 없이도 혈액 속 포도당을 흡수할 수 있게 된다.* 이 과정에서 섭취한 탄수화물은 빠르게 에너지원으로 사용되며 기존 글리코겐 소모를 지연시킨다. 동시에 지방은 꾸준히 연소되어 에너지로 활용된다. 쉽게 말하면 운동 도중에는 식사를 하더라도 탄수화물과 지방 모두를 에너지로 잘 사용한다는 뜻이다.

이로 인해 신체는 지방과 탄수화물을 균형 있게 사용하는 대사 환경을 형성하며, 혈당은 안정적으로 유지된다. 결과적으로 에너지 효율이 극대화되고 경기 중반 이후에는 더욱 안정적인 페이스를 유지할 수 있다.

»»

어떤 탄수화물 급원을 먹을까

60분 이상의 고강도 운동 시 체내 글리코겐이 고갈되므로 추가적인 탄수화물 섭취가 필수적이다. 미국 스포츠의학회(ACSM)는 운동 중 매 시간 30~60g의 탄수화물을 보충하면 페이스를 유지하는 데 효과적이라고 제안했다.*

탄수화물 급원은 각각의 특징을 이해하고 상황에 맞게 선택해야 한다. 에너지젤은 휴대가 간편하고 개당 20~30g의 탄수화물이 포함되어 있어 목표량을 채우기에 유리하다. 단, 점도가 높아 물이나 스포츠음료와 함께 섭취해야 소화 부담을 줄이고 흡수를 높일 수 있다.

> • 스포츠음료의 탄수화물 농도는 4~8%로 흡수에 유리한 농도다. 500ml당 약 30g의 포도당을 함유하므로 한 시간에 1~2병씩 섭취하면 적절하다. 다만 부피가 있어 휴대하기 어렵다는 단점이 있다.
> • 바나나는 개당 20~30g의 탄수화물을 제공하지만, 여러 개를 섭취하면 포만감이 커지고 소화가 더뎌질 수 있다. 포도당과 과당의 혼합 형태로 흡수가 에너지젤보다 느릴 가능성이 있으니 사전 테스트가 필요하다.
> • 에너지바는 탄수화물 외에도 단백질·지방이 포함된 경우가 많아 장시간 경기에서 유용하다. 그러나 지방 함량이 높거나 딱딱한 제품은 소화 부담이 될 수 있으므로 훈련 중에 미리 테스트해야 한다.

그 이외에도 젤리, 양갱, 식염 포도당, 사탕 등이 있으니 취향껏 고르면 된다.

러닝 중 탄수화물 보충을 위한 음식 및 음료 비교

음식/음료	1회 섭취량 예시	탄수화물 함유량	특징 및 비고
에너지젤	1개(30g 정도)	25g	휴대성 좋음, 맛이 없음, 기능에 집중
포카리스웨트	500ml(작은 페트병)	30g	휴대성 좋지 않음
	130ml(종이컵 3/5 정도)	8g	주최 측에서 보급
레드불	130ml(종이컵 3/5 정도)	14g	주최 측에서 보급, 카페인 첨가
오렌지 주스	130ml(종이컵 3/5 정도)	14g	주최 측에서 보급
콜라	130ml(종이컵 3/5 정도)	13g	주최 측에서 보급
바나나	중간 크기 1개(약 120g)	27g	주최 측에서 보급, 먹기 불편함
	1/2개(약 60g)	13g	경기 중 보통 반 개만 지급
초콜릿바 (에너지바)	50g	30g	종류에 따라 함량 천차만별, 러닝 중 휴대하면 녹아서 추천하지 않음
양갱	40g(한 조각)	25~28g	가격 저렴, 목이 많이 막힘
하리보	10g(소포장 작은 버전)	9g	맛있음
식염 포도당	1알(약 4g)	알당 4g	휴대성 좋음, 많은 개수를 먹어야 함
청포도 사탕	1알(8.5g)	알당 8g	맛있음

에너지젤 vs 스포츠음료 vs 에너지바

시중에는 다양한 탄수화물 급원이 있다. 그렇다면 경기 중에는 어떤 형태의 탄수화물을 섭취하는 것이 가장 효율적일까?

2010년 파이퍼(Pfeiffer) 연구팀은 사이클 선수를 대상으로 탄수화물 급원의 효과를 비교하는 실험을 진행했다.* 스포츠음료, 에너지바, 에너지젤 세 가지 형태의 탄수화물을 테스트한 결과, 소화와 흡수 효율은 급원의 형태와 크게 관계가 없었다.

다만 충분한 물과 함께 섭취하는 것이 중요했다. 동일한 양의 수분을 보충하면 급원별 에너지 활용 효율에 큰 차이가 없었고 소화불량도 발생하지 않았다.

하지만 달리기의 경우는 다르다. 달릴 때는 위장이 더 예민해질 수 있어 어떤 급원이든 개인에 따라 소화 부담을 느낄 가능성이 크다. 따라서 자신이 가장 편하게 섭취할 수 있는 형태를 선택하는 것이 좋다.

무엇을 먹든 일정한 간격을 유지하며 규칙적으로 섭취하고, 충분한 물을 함께 마시는 것이 핵심이다.

마라톤 실전 보급 계획

그러면 시간당 60g의 탄수화물 섭취를 목표로 보급을 계획해 보자. 4시간 동안 달리고 시간당 60g의 탄수화물을 섭취하는 것을 목표로 한다면 총 240g이 필요하다. 만약 에너지젤 하나에 탄수화물 25g이 들어 있다면, 최소 8개 정도(200g)는 챙겨야 한다.

하지만 이렇게 많은 에너지젤을 가져가면 주머니에 여유 공간이 부족해지거나 달리는 동안 거슬릴 수 있다. 이럴 때는 에너지젤의 개수를 줄이고, 대회에서 제공하는 이온 음료나 간식을 활용해 부족한 탄수화물을 채우면 편리하다. 따라서 미리 대회 요강을 확인해 어떤 음료와 간식이 준비되는지 알아본 뒤 거기에 맞춰 보급 계획을 세우는 것이 좋다.

참고로 주로 제공되는 포카리스웨트 130ml에는 약 8g의 탄수화물이, 바나나와 초코파이에는 각각 약 25g의 탄수화물이 포함되어 있다. 젤을 6개 휴대한다는 전제하에 어떻게 시간당 60g의 탄수화물 섭취량을 맞출 수 있을지, 언제 무엇을 먹어야 할지 다음의 표를 참고하자.

서울마라톤 공식 가이드

매 5km 지점 및 골인 지점에서 생수와 이온 음료가 제공되며, 물 스펀지는 7.5km 지점 이후 5km마다 준비되어 있습니다. 15km, 25km, 35km 지점에서는 영양 보충을 위한 간식이 제공됩니다.

마라톤 대회 보급 계획 및 탄수화물 섭취 가이드

거리(km)	예상 통과 시간	대회 제공	권장 보급 계획 및 탄수화물 섭취량
5km	28분 26초	생수, 이온 음료	물, 에너지젤 1개 섭취(25g)
10km	56분 53초	생수, 이온 음료	이온 음료, 에너지젤 1개 섭취(33g)
15km	1시간 25분 19초	생수, 이온 음료, 바나나	물, 에너지젤 1개 섭취(25g)
20km	1시간 53분 46초	생수, 이온 음료	이온 음료, 에너지젤 1개 섭취(33g)
25km	2시간 22분 12초	생수, 이온 음료, 바나나	물, 바나나 1개 섭취(25g)
30km	2시간 50분 38초	생수, 이온 음료	이온 음료, 에너지젤 1개 섭취(33g)
35km	3시간 19분 05초	생수, 이온 음료, 바나나	물, 바나나 1개 섭취(25g)
40km	3시간 47분 31초	생수, 이온 음료	이온 음료, 에너지젤 섭취(33g)
42.195km (Finish)	4시간	골인 지점 / 물·이온 음료·간식 등	완주 직후 물·이온 음료로 수분 보충. 5~10분간 가벼운 걷기로 쿨다운 후 간식으로 탄수화물·전해질 보충

장거리 훈련

장거리주(Long Run, LSD)
달리기에 필수적인 훈련

10km를 아무리 잘 달리더라도 장거리 훈련이 되어 있지 않으면 마라톤에서는 퍼질 수밖에 없다. 인터벌 같은 짧은 고강도 훈련은 마라톤에서 끝까지 버티는 지구력을 키워 주지는 못한다. 마라톤을 완주하려면 마라톤에 맞는 장거리 훈련이 필수다.

그러나 많은 러너가 장거리 훈련을 할 때 대회와 같은 빠른 페이스로 달린다. 오히려 평소보다 낮은 페이스로 뛰면서 달리는 거리와 시간을 늘려 가는 것이 장거리 훈련의 핵심이다. 이 훈련을 LSD(Long Slow Distance) 훈련이라고 부른다.

낮은 페이스로만 훈련하다 보면, 몸이 낮은 페이스에 적응해 짧은 거리에서도 느려지지 않을까 걱정하는 사람이 있다. 특히 소방·경찰 체력 시험 등 1~3km 정도의 단거리를 대비하는 경우 LSD 훈련은 하지 않고 인터벌, 템포런 위주의 훈련에만 집중하는 경향이 있다. 하지만 LSD 훈련도 기록 향상에 도움이 될 수 있다.

다음 표에서 확인할 수 있듯이 800m만 뛰어도 유산소 대사의 비중이 절반을 넘는다. 이런 이유로 인해 800~1,500m를 뛰는 중거리 육상 선수도 주 1회 이상은 장거리 훈련을 한다. 짧은 거리에서도 유산소 능력이 큰 영향을 미치기 때문이다.

달리기 거리별 에너지 시스템 기여도

구분	소요 시간	ATP-PC(인원질계)	해당 과정(젖산계)	유산소	중성지방
100m	10초	53%	44%	3%	-
200m	20초	26%	45%	29%	-
400m	45초	12%	50%	38%	-
800m	1분 45초	6%	33%	61%	-
1,500m	3분 40초	-	20%	80%	-
5,000m	13분	-	12.5%	87.5%	-
10,000m	27분	-	3%	97%	-
마라톤	약 2시간 10분	-	-	80%	20%

달리기를
위한 팁

달리기 끝나고 맥주 한 잔, 괜찮을까

Q1 달리기 끝나고 마시는 맥주 한 잔, 괜찮을까?

A 달리기를 하고 나서 술을 마시고 싶다면 최소 1~2시간 기다렸다가 마시는 것이 좋다. 달리기 후 1~2시간은 몸이 회복에 집중해야 하는 골든 타임이다. 달리기가 끝나면 손상된 조직에 혈류가 증가하고, 산소와 영양소가 공급되면서 바로 회복이 시작된다. 이는 적당한 정도의 염증 반응이며 조직 재생에 필수적인 요소이다. 하지만 알코올은 이 염증 반응을 과도하게 촉진하여 회복 과정을 오히려 지연시킨다.

1. **수분 보충 방해** : 운동 중 땀으로 인해 체내 수분과 전해질이 손실되는데 알코올은 이뇨 작용으로 탈수를 더 악화시킨다. 먼저 물이나 스포츠음료로 수분을 충분히 보충해야만 한다.
2. **몸 상태 안정화** : 운동 직후 심박수와 체온이 높은 상태에서 바로 술을 마시면 심혈관계에 부담을 줄 수 있다. 심박수와 체온이 평소 상태로 돌아오기까지는 1~2시간 정도가 필요하다.

»

3. 단백질 합성 활성화 : 운동 후 근육 손상을 복구하려면 단백질 합성이 활발하게 유도되어야 한다. 그런데 술은 이 초기 과정을 억제해 근육 회복이 느려진다.

Q2 술 마신 다음 날 달리기를 해도 괜찮을까? 술 마시고 나서 해장 느낌으로 달리기를 하고 싶다.

A 술을 마신 뒤 달리기를 하려면 최소 24시간은 기다리는 것이 좋다.

1. 알코올은 간에서 주로 처리되며 평균적으로 시간당 약 0.015g/dL씩 분해되므로 맥주 한 잔(알코올 약 14g)을 섭취했다고 가정하면, 이를 완전히 분해하는 데 약 8~10시간이 필요하다. 하지만 알코올만 분해된다고 끝나는 게 아니다. 알코올 대사 과정에서 생성되는 아세트알데히드와 같은 부산물은 독성이 강하며 간과 근육에 스트레스를 준 뒤 제거되기까지 시간이 더 필요하다.
2. 달리기로 손상된 근육 섬유는 단백질 합성을 통해 회복되는데, 알코올은 이 과정을 방해한다. 이때 근육 회복이 제대로 이루어지려면 최소 24시간이 필요하다.
3. 알코올은 간의 글리코겐 합성을 억제하고, 포도당 생성 과정을 방해한다. 글리코겐 저장량이 회복되려면 운동 후 충분한 탄수화물을 섭취해도 평균적으로 12~24시간이 걸린다. 그런데 술을 마시면 간이 알코올의 해독에 우선순위를 두기 때문에 간의 글리코겐 회복에 걸리는 시간이 더욱 늘어난다.

밥 먹고 바로 달리면
배가 아픈 이유

식사 후 바로 뛰면 배가 아프고 몸이 무거워지는 경험을 한 적이 있을 것이다. 소화 기관과 근육이 동시에 많은 혈류를 필요로 하기 때문이다. 식사 직후에 바로 달리기를 하면 소화 기관으로 가야 할 혈류가 근육으로도 이동되면서 소화가 원활하게 이루어지지 않는다. 그 결과 위와 장이 경련을 일으키거나 복통이 생길 수 있다. 또한 먹은 음식이 아직 위에 남아 있으면 달리는 동안 무거워진 위가 계속 흔들리며 통증을 유발한다. 특히 기름진 음식이나 단백질이 많은 음식처럼 소화가 느린 음식을 먹으면 통증이 오랫동안 지속된다.

반대로 근육은 소화 기관에 혈류를 빼앗겨 충분한 산소와 영양을 공급받지 못해 운동 수행 능력이 떨어질 수 있다. 따라서 식사 후 충분한 소화 시간을 두고 달리는 것이 좋다.

미국 국립스포츠의학아카데미(NASM)에 따르면[*] 식사와 운동 사이의 적절한 시간은 개인차가 있지만, 일반적으로 달리기 2~4시간 전에는 최대 1,000kcal 정도의 식사를 하는 것이 적절하다. 만약 1시간 이내에 운동을 해야 한다면, 400kcal를 넘지 않는 가벼운 간식을 섭취하는 것이 권장된다.

달리기 전에는 복통을 피하기 위해 지방, 단백질, 식이섬유가 많은 음식 섭취를 줄이고 탄수화물 위주로 식사하는 것이 좋다. 밥, 파스타, 바나나, 고구마, 통밀빵 등이 적절한 선택이 될 수 있다. 운동 전에는 몸이 필요로 하는 만큼 에너지를 공급하면서 음식이 충분히 소화될 수 있도록 신경 써야 한다.

달리기 많이 하면
빨리 늙는다?

달리기를 많이 하면 노화가 빨라진다는 이야기를 들어 본 적이 있을 것이다. 하지만 달리기는 오히려 노화를 늦추는 데 도움을 준다. 규칙적으로 달리기를 하면 오히려 우리 몸의 항산화 시스템이 강화되고 세포 기능이 최적화되어 결과적으로 더 건강해진다.

그렇다면 마라톤 선수의 얼굴이 나이 들어 보이는 이유는 무엇일까? 바로 피하지방 감소 때문이다. 얼굴의 지방이 줄어들고 뺨이 꺼지면서 주름이 두드러지기 쉬워지는데, 이를 '러너스 페이스(Runner's Face)' 현상이라고도 부른다.

또 다른 원인으로 자외선에 따른 노화도 있다. 이는 마라톤 선수뿐만 아니라 야외 활동이 잦은 사람들 모두에게 해당된다. 피부가 자외선에 지속적으로 노출되면 피부 구조를 지탱하는 단백질이 손상되며, 이를 '광노화'라고 부른다. 달리기 시간을 줄이기 싫다면, 자외선 차단제를 꼼꼼하게 바르는 것이 좋다.

마라톤 선수는 겉으론 나이가 들어 보일 수 있지만 내부 나이는 훨씬 젊은 경우가 많다. 달리기 덕분에 이들의 심폐 기능, 면역 시스템, 근력은 일반인들보다 우월하기 때문이다.

달리기의 노화 방지 원리

① **세포 :** 달리기는 세포의 에너지 공장인 미토콘드리아를 늘리고 기능을 강화한다. 세포가 더 효율적으로 에너지를 생산하게 되어 몸이 더 젊고 활기차게 유지된다.

② **뇌 :** 달리기는 뇌로 가는 혈류와 산소 공급을 늘려 준다. 이 과정에서 기억력과 집중력을 높이고 나이가 들면서 찾아오는 치매 등의 문제를 예방한다.

③ **근육 :** 고강도 달리기는 근육 단백질 합성을 촉진해 근감소증을 예방한다. 강하고 탄탄한 근육은 노화 방지의 핵심이다.

④ **면역력 강화 :** 적절한 운동은 면역 세포를 활성화시켜 감염을 예방한다. 규칙적인 달리기로 감기, 독감 같은 질병도 멀리할 수 있다.

야외 달리기 vs 실내 달리기

러닝머신은 실내에서 날씨와 관계없이 훈련할 수 있고, 설정한 속도로 일관되게 뛸 수 있다는 점에서 야외 달리기와는 다른 매력을 지닌다. 헬스장에서 가장 인기 있는 기구 중 하나이며, 날씨나 환경적인 이유로 야외 달리기가 어려울 때 유용하다.

그렇다면 러닝머신은 야외 달리기만큼 효과적일까? 러닝머신이 벨트의 움직임을 이용해 다리를 뒤로 차는 힘을 보조하기 때문에 야외 달리기보다 근육 사용이 줄어들어 효과가 떨어진다는 의견이 있다. 하지만 2020년 메타분석 연구에 따르면 두 방식의 효과 차이는 크지 않다는 결론이 나왔다.[*]

러닝머신을 효과적으로 활용하기 위해서 다음을 참고하자.

① 러닝 자세를 촬영하기

러닝머신에서는 삼각대 등을 이용해 혼자서도 자세를 촬영할 수 있다. 후면이나 측면에서 촬영하여 몸의 불균형이나 잘못된 자세를 점검하는 데 유용하다.

② 경사도 기능을 활용하기

러닝머신의 경사도 조절 기능을 사용하면 오르막 훈련을 집중적으로 할 수 있다. 이는 다리 근력을 효과적으로 키워 부상 재활 시에도 유용하다.

③ 지루하다면 고강도 훈련으로 활용하기

인터벌, 템포런, 빌드업 훈련에 활용해 보자. 설정된 속도로 일관되게 훈련할 수 있어 효과적이다. 경사도까지 조절하면 더욱 강도 높게 훈련할 수 있다.

④ 야외 달리기와 다르게 접근하기

러닝머신에서 느껴지는 체감 강도와 심박수는 야외 달리기와 다를 수 있다. 러닝머신 기록을 별개로 두고, 체감 강도와 심박수를 기준으로 적정 페이스를 찾는 것이 좋다.

야외 달리기 장소

장소	주요 장점	주의사항 및 단점	추천 훈련 및 활용
강·하천·공원	• 언덕이 적어 일정 페이스 유지가 쉬움 • 지면 관리가 잘 되어 있어 안전함	• 보행자·자전거와 충돌 위험 있음	• 기본 로드 러닝 훈련 • 장거리 러닝, 페이스 런 등 대부분의 훈련
육상 트랙	• 땅이 평평하고 1바퀴 거리(400m 등)가 정확해 페이스 관리가 용이 • 지면이 러버 재질이므로 달리는 느낌이 좋음 • 집중 훈련에 최적화된 공간	• 코너가 많아 한쪽 방향으로 반복 달리면 발목·무릎 부담 • 훈련 종류에 따라 레인 선택 유의	• 다양한 인터벌 훈련, 타임 트라이얼 등 고강도 훈련에 추천
시티런 (도심 인도·골목)	• 도시 풍경을 즐길 수 있고 이동 동선이 자유로움 • 접근성이 좋음	• 보도블록, 돌출 지면 등으로 발목 부상 위험 • 보행자·차량·오토바이 등 주변 변수 많음 • 매연 문제	• 운동 장소까지 이동 • 출퇴근 러닝으로 응용
흙길, 잔디, 모래(운동장, 모래사장)	• 흙길의 경우 충격 흡수가 잘 되므로 관절 부담이 적음 • 잔디의 경우 부드러운 표면이 발목 안정성을 개선	• 마찰력, 지지력 낮은 모랫바닥은 미끌림과 발목 꺾임 위험 큼 • 경사나 굴곡이 있는 경우 한쪽 다리에 무리가 갈 수 있음	• 근지구력 강화 훈련 • 다양한 지면 적응 훈련 • 맨발 달리기 적합
업힐·다운힐 (언덕 훈련)	• 업힐은 심폐 능력과 하체 근력·근지구력 발달에 효과적 • 다운힐은 착지 기술·근육 반응 속도 향상	• 내리막에서 무리해 속도를 내면 무릎·발목 부상 위험 큼 • 반복 훈련 시 피로 누적 주의	• 언덕 인터벌(업힐 스프린트) • 하체 보강, 유산소 능력 향상 • 착지 폼·바른 자세 연습

장소	주요 장점	주의사항 및 단점	추천 훈련 및 활용
산(등산, 트레일 러닝)	• 비포장·자연 지형을 경험하며 전신 근육과 밸런스 강화 • 정신적 안정 효과 크고 공기가 깨끗함	• 부상 위험(돌, 뿌리, 불규칙 지형) • 날씨·코스 이탈 등 변수 많음 • 여러 준비물 필요(트레일 전용 러닝화, 러닝용 조끼나 백팩 등)	• 코어 안정성과 순간 대처 능력 강화

체중과 달리기의 관계

　잘 뛰기 위해 몸이 가벼워야 한다는 사실을 누구나 알고 있다. 그래서 '키빼몸(키에서 몸무게를 뺀 수치)'은 105~115 정도가 이상적이라는 의견이 있다.(**예** 170cm 러너의 키빼몸 체중은 65~75kg)

　하지만 단순히 키와 몸무게의 수치만으로 달리기 능력을 판단하는 것은 정확하지 않다. 실제로는 근육과 지방의 비율 즉 체성분이 훨씬 더 중요한데, 몸무게만으로는 알기 힘들기 때문이다. 따라서 체성분을 가장 잘 나타내는 수치인 체지방률도 함께 고려하는 편이 좋다.

　그렇다면 잘 달리기 위해서는 어느 정도 체지방률이 적당할까? 엘리트 남자 육상 선수는 보통 5~10%, 여성 선수는 10~20% 정도의 체지방률을 유지하는 경우가 많다. 더 낮은 체지방률을 유지하는 선수도 있지만, 건강상 여러 위험을 동반할 수 있다.

　일반 러너인 경우 남자는 12~15%, 여자는 20~25% 정도가 적절하다고 알려져 있다. 지나치게 마르지 않으면서도, 달리기에 필요한 근력과 지구력을 발휘하기에 유리한 범위이기 때문이다.

한편 러닝 실력 향상과 다이어트를 동시에 목표하는 러너도 많다. 하지만 힘든 달리기와 다이어트 식단을 병행하는 것은 위험하다. 입문 단계에서는 근신경계와 심폐 기능이 함께 발달해 자연스럽게 체중이 줄어드는 효과를 볼 수 있지만, 어느 정도 수준에 오르면 고강도 훈련과 식단 제한을 동시에 진행하기가 쉽지 않다.

만약 다이어트를 우선 목표로 삼는다면, 현재 운동량을 크게 늘리지 않는 상태에서 식단 조절에 집중하는 편이 낫다. 이미 운동량이 많은 사람이라면 달리는 것만으로는 체중 감량 효과가 크게 나타나지 않을 수 있기 때문이다.

반면 기록 향상이 주된 목표라면, 고강도 훈련 후 충분한 열량을 섭취해 몸을 회복하고 부상 위험을 낮추는 데 집중해야 한다. 식단 제한과 고강도 훈련을 동시에 하다 보면 어느 쪽도 제대로 성과를 내기 어렵다.

따라서 일정 기간을 정해 목표를 나누자. 예를 들어 1~2개월 동안 체중 조절에 집중한 뒤 다음 주기에는 기록 향상에 전념하는 것이다. 한 가지 목표에 집중해 충분한 성과를 낸 후 다음 단계로 넘어가면 몸에 무리를 주지 않고도 안정적으로 발전할 수 있다.

달리기를 하면
근 손실이 된다?

달리기가 곧 근 손실로 이어지는 것은 아니다. 근 합성(MPS)은 근육이 새로 만들어지는 과정을 가리키고, 근 분해(MPB)는 근육이 분해되는 과정을 뜻한다. 근 손실은 이 두 가지가 어긋날 때 일어난다. 합성보다 분해가 우세해지면 근육이 줄어드는데, 달리기만으로 그 균형이 무조건 무너지는 일은 거의 없다.

다만 강도가 높은 달리기를 오래 하면 체내 글리코겐(근육과 간에 축적된 탄수화물)이 급격히 고갈되고, 몸이 남은 에너지를 마련하려고 단백질까지 끌어 쓰면서 근육 분해가 가속될 수 있다.

조깅 수준처럼 천천히 달리면 대체로 지방이 주요 연료가 된다. 그러면 단백질 소모가 적어 근육에 큰 위협이 없다. 하지만 중강도 이상의 달리기를 장시간 유지하면 탄수화물을 빠르게 소모한다. 이때 탄수화물을 충분히 섭취하지 않으면 단백질까지 태워 버리면서 근 손실 위험이 커진다.

그래서 달리기 전후로 탄수화물을 챙기고, 운동 직후에 단백질과 함께 보충하면 근육 회복에 유리하다. 또한 공복 상태에서 장시간 달리는 것은 탄수화물 고갈을 더 빨리 부추기므로 근육을 지키기 위해서는 피하는 편이 좋다.

근 손실을 최소화하는
세 가지 영양 섭취법

① 단백질 섭취량 확보

운동으로 손상된 근섬유를 복구하고 추가 성장을 유도하려면 충분한 단백질이 필요하다. 일반적으로 일일 기준 체중 1kg당 1.4~1.6g에 해당하는 양의 섭취를 권장하지만, 고빈도·고강도 훈련을 병행한다면 1.8~2.0g까지도 고려할 수 있다. 이때 생선, 달걀 같은 양질의 단백질 공급원을 선택하는 것이 좋다.

② 운동 전 탄수화물 섭취

달리기나 근력 운동을 하기 전 탄수화물을 미리 섭취해 두면, 운동 중 글리코겐 고갈 시 단백질이 에너지원으로 쓰이는 비율을 낮출 수 있다. 특히 공복에 고강도 운동을 수행하면 혈당과 글리코겐이 일찍 바닥나서 몸이 단백질을 적극적으로 분해하기 때문에 피하는 편이 좋다.

③ 운동 직후 단백질+탄수화물 보충

운동 후 근육은 손상된 섬유를 회복하면서 성장하기 위한 재료를 필요로 한다. '초기 복구 단계'라고 불리는 이 시점(30~60분 이내)에 단백질과 탄수화물을 함께 섭취하면, 근 합성(MPS)이 최대화되고 근 분해(MPB)가 억제되는 것으로 알려져 있다.* 탄수화물은 인슐린 분비를 활성화해 근섬유로 단백질을 더 잘 흡수시키므로, 단백질만 먹는 것보다 탄수화물을 함께 섭취하는 것이 유리하다.

달리기와 웨이트 운동은
같이하면 안 된다?

    달리기와 웨이트 운동을 함께 하면 우리 몸은 근 비대와 지구력 발달의 두 가지를 동시에 처리하려고 하면서 효율이 떨어지게 된다. 이를 '간섭 효과'라고 부른다. 고강도 달리기를 하면 심폐지구력이 향상되지만, 근육 합성에 필요한 회복 자원이 줄어들어 근 성장 속도가 느려질 수 있다. 그럼에도 달리기 비중을 적절히 조절하면 근력 운동에도 긍정적인 영향을 줄 수 있다.

    예를 들어 주 2~3회, 30분 정도의 중간 강도 달리기를 유지하면서 근력 운동 중심으로 루틴을 구성하면, 지구력과 근력 운동을 병행할 수 있다. 근력 운동 직후 바로 전력 질주를 하기보다는 휴식을 배정하거나 강도를 낮추면 단백질 합성에 쓰일 에너지를 빼앗기지 않는다.

    달리기의 좋은 점은 심폐지구력과 체지방 관리에 도움이 된다는 것이다. 심폐지구력이 높으면 산소와 영양소를 근육에 더 효율적으로 공급하여 근력 운동에 도움이 된다. 또한 지방 연소로 전반적인 건강과 운동 효과를 극대화한다.

그러므로 자신의 운동 목적을 먼저 정하고, 달리기의 빈도와 강도를 탄력적으로 조정하는 것이 바람직하다. 근육량을 더 늘려야 하는 시기에는 달리기 시간을 줄이고, 심폐지구력을 끌어올리고 싶을 때는 달리기 시간을 늘리는 식으로 운영하면 된다.

달리기에
도움이 되는 보조제

달리기에 몰두하다 보면 '보조제를 먹으면 기록이 빨리 좋아지는 것은 아닐까?' 하는 생각이 들 때가 있다. 요즘은 정보가 넘쳐나고, 보조제에 대한 의견도 엇갈린다. 실제로 효과를 봤다는 이야기가 많지만, 한편으로는 '그냥 돈 낭비다'라는 반론도 쉽게 찾아볼 수 있다. 보조제를 직접 테스트해 보거나 관련 논문을 살펴보면서 느낀 점이 많다.

하지만 이 분야를 깊이 다루려고 하면 과학적인 배경지식이 많이 필요하고 글이 너무 전문적으로 흘러 독자들이 쉽게 지루해할 수 있다. 약사로서 달리기와 관련된 보조제 일곱 가지를 골라 핵심 원리와 실제 효과만 간결하게 정리했다. 달리기 기록 향상이나 부상 예방에 도움이 될 수 있는 보조제들이 무엇인지 차근차근 소개하려 한다.

달리기 보조제의 분류

분류	정의	예시
스포츠 식품	식사 대신 편리하게 영양소를 제공하는 데 사용되는 특수 보조제	스포츠음료, 스포츠젤, 스포츠바, 전해질 보충제, 단백질 보충제 등
영양제	영양 결핍을 포함한 임상 문제를 예방하거나 치료하는 데 사용되는 보조제	철, 칼슘, 아연, 종합 비타민, 오메가3 지방산, 비타민 D 등
운동 보조제	운동 능력을 향상시킬 수 있는 보조제	카페인, 베타알라닌, 식이 질산염, 비트즙, 중탄산나트륨, 크레아틴 등

① 카페인

텔레비전이나 인터넷을 통해 '달리기 전에 커피 한 잔을 마시면 기록이 향상된다'는 말을 들어 보았을 것이다. 이는 단순히 기분 탓이 아니고, 실제로 카페인이 지구력과 집중력을 높인다는 연구 결과가 있다. 특히 고강도 유산소 운동과 장거리 운동에서 그 효과가 두드러진다.

카페인은 대표적인 교감신경 자극제로 중추 신경계를 활성화하여 신체와 정신을 각성 상태로 만든다. 심박수와 물질대사를 촉진하고, 근육으로 가는 혈류를 증가시켜 더 큰 힘을 낼 수 있게 하며, 피로 신호를 억제하고 도파민 분비를 높여 동기부여와 집중력을 높인다.

한 연구에 따르면, 체중 1kg당 3~6mg 정도의 카페인을 운동 전 30~60분에 섭취하면 평균 2~7% 정도의 기록 개선 효과가 보고된다.[*] 1시간 정도 걸리는 달리기를 기준으로 1~4분 정도의 기록 단축 효과가 나타날 수 있다.

그러나 과도한 카페인 섭취는 심박수 증가, 불면증, 위장 문제 등을 일으킬 수 있으므로 하루 400mg 이하로 조절하는 것이 바람직하다. 또한 수면의 질을 떨어뜨릴 수 있으므로 취침 6시간 전에는 섭취를 피해야 한다.

달리기나 지구력 운동에서 체중 1kg당 3~6mg의 카페인을 운동 30~60분 전에 섭취하면 효과적이다. 커피뿐만 아니라 카페인이 함유된 에너지젤, 스포츠음료 등 다양한 급원을 활용할 수 있으며 하루 총 400mg을 넘지 않도록 주의해야 한다.

② 오메가3 지방산

러너는 장시간 반복해서 근육과 관절을 사용하기에, 미세 손상과 염증이 누적되기 쉽다. 이때 몸속 염증을 진정시키고 회복을 돕는 대표적인 영양소가 바로 오메가3 지방산이다. 오메가3 지방산은 주로 EPA(에이코사펜타엔산)와 DHA(도코사헥사엔산)라는 두 가지 주요 성분으로 구성되며 운동과 회복에 있어 중요한 역할을 하는 필수적인 영양소이다.

운동으로 인한 근육 손상은 근육 성장과 회복 과정에서 자연스럽게 일어나는 현상이지만, 과도한 손상이나 염증은 신체 기능 저하를 초래할 수 있다. 오메가3 지방산은 이러한 상황에서 염증 유발 물질 생성을 억제하고 혈류를 증가시켜 손상된 조직의 회복을 돕는다.

특히 인터벌 트레이닝과 같은 격렬한 운동 후 나타나는 지연성 근육통(DOMS)을 완화하는 데 효과적이다. 회복 속도를 높임으로써 다음 운동에서도 최상의 성과를 낼 수 있도록 돕는다.

러너에게는 하루 1,000~2,000mg의 오메가3 지방산 섭취가 가장 적절하다. 오메가3 지방산은 연어, 고등어, 정어리, 과메기와 같은 지방이 많은 생선을 통해 섭취할 수 있으며, 주 2~3회 생선을 섭취함으로써 기본적인 필요량을 충족할 수 있다. 음식으로 충분한 양을 섭취할 수 없다면, 영양제 캡슐 형태로 섭취해도 된다. 1알당 500~1,000mg 정도가 포함되어 있어 하루 1~2캡슐만으로 충분한 섭취량을 충족할 수 있다. 흡수율이 개선된 rTG 형태의 제품을 섭취한다면 하루 1캡슐로도 충분하다.

③ 크레아틴

크레아틴은 호주 스포츠영양학회에서 강력한 과학적 증거를 인정받아 A그룹에 속해 있는 보조제이다.[*] 크레아틴은 근력 강화에만 도움이 된다고 알려졌지만, 달리기 중 특히 고강도 훈련에도 큰 도움이 된다. 달리기를 할 때도 순간적으로 강한 힘이 필요한 경우가 많기 때문이다.

예를 들어 인터벌 트레이닝을 할 때 스프린트 구간이나 언덕을 오르는 경사 훈련에서는 근육 내 에너지원인 ATP의 빠른 재생이 중요하다. 크레아틴은 바로 이 ATP를 신속하게 공급해 강도를 유지하게 하고, 저강도 구간에서는 에너지를 재충전할 수 있도록 돕는다.

달리기 중 근육 피로와 경련을 예방하는 데도 크레아틴의 역할이 크다. 크레아틴은 근육세포로 수분을 끌어들이는 삼투 작용을 통해 세포 부피를 증가시킨다. 이로 인해 세포는 더 많은 에너지를 저장하고 탈수로 인한 경련 위험을 줄이며 근육의 효율적인 작동을 돕는다.

크레아틴 보충을 시작하려면 초기 로딩 단계를 거치는 것이 좋다. 체중 1kg당 0.3g에 해당하는 일일 섭취량을 5~7일간 섭취하면 근육 내 크레아틴 저장량이 급격히 증가한다. 이후에는 하루 3~5g을 꾸준히 섭취하며 유지할 수 있다.

특히 운동 직후 크레아틴을 보충하면 근육 회복이 촉진돼 다음 달리기에 빠르게 대비할 수 있다. 단, 크레아틴 섭취 시 충분한 수분 섭취는 필수적이다. 크레아틴이 수분을 끌어들이는 특성상 탈수가 발생하지 않도록 물과 함께 복용해야 한다.

④ 마그네슘

마그네슘은 체내에 기본적으로 존재하는 성분이며 에너지 대사와 근육의 운동에 관여한다. 마그네슘은 근육에 젖산의 축적을 줄이거나 지연시키는 효과를 가지며, 훈련 후 근육 회복에 도움을 주어 피로를 줄이고 부상을 예방한다. 사실 사람들은 대부분 체내에 이미 충분한 양의 마그네슘을 보유하고 있지만, 달리기를 자주 하면 마그네슘이 부족해지기 쉽다.* 땀을 통해서 마그네슘을 잃기 때문에 달리기를 많이 할수록 더 많은 마그네슘이 필요하다.

대한민국의 영양소 섭취기준에 따르면, 성인 남성의 경우 하루 350~400mg, 여성의 경우 하루 280~320mg 정도의 마그네슘을 섭취하는 것이 좋다. 그러나 달리기를 많이 한다면 이보다 10~20% 더

»

섭취하는 것이 좋다. 이런 경우 성인 남성은 하루 최대 480mg, 여성은 384mg까지 섭취할 수 있다.

마그네슘을 섭취하는 좋은 방법은 바로 음식으로 섭취하는 것이다. 음식으로 마그네슘을 섭취할 때 흡수율이 더 높고, 보충제로 과다 섭취 시 발생할 수 있는 설사나 위장 장애와 같은 부작용의 위험이 낮기 때문이다. 시금치나 케일과 같은 잎채소, 귀리나 현미와 같은 통곡물, 아몬드나 캐슈너트와 같은 견과류, 고등어나 연어와 같은 생선에 마그네슘이 풍부하게 들어 있다. 음식의 종류와 음식 100g당 대략적인 마그네슘 함량을 표로 정리했다.

만약 식단만으로 충분한 마그네슘을 섭취하기 어렵다면 보충제로

음식 종류별 100g당 마그네슘 함량

음식 종류	평균 마그네슘 함량(mg/100g)
시금치	79
케일	30
귀리	270
현미	43
아몬드	270
캐슈너트	260
고등어	97
연어	26
해바라기 씨	325

하루 200~400mg 정도를 섭취하면 된다. 달리기로 발생하는 땀을 통해 마그네슘의 소실이 일어나므로 달리기 전이나 후에 보충하는 것이 효과적이다. 액체 파우치 형태로 된 마그네슘 보충제는 먹기 편하고 체내에 잘 흡수된다는 장점이 있다.

⑤ 비트즙(Beetroot Juice, 질산염)

비트즙은 달리기와 같은 지구력 운동에서 뛰어난 효과를 발휘하는 보조제로, 그 핵심은 질산염(NO_3^-) 함량에 있다. 질산염은 주로 잎채소와 뿌리채소에 많이 포함되어 있다.

비트즙은 러너가 더 빠른 속도로 더 오랫동안 달릴 수 있도록 도우며 러너의 기록 단축에 실질적인 도움을 준다. 또한 운동 후 근육 회복을 촉진하고 근육통을 줄이는 데 도움을 주며, 베타레인(Betalain) 같은 항산화 물질이 풍부하여 운동으로 인한 염증과 산화 스트레스를 감소시킨다.[*]

① 2017년 국제스포츠영양학회 저널(Journal of the International Society of Sports Nutrition)에 발표된 메타분석에 따르면, 비트즙 섭취는 지구력 운동에서 3~5%의 성능 향상을 보였다.
② 2021년 발표된 연구에서는 250ml의 비트즙을 운동 2~3시간 전에 섭취했을 때 5km 타임 트라이얼 성적이 유의미하게 개선되었다는 결과가 나왔다.
③ 2019년 유럽 응용생리학 저널(European Journal of Applied Physiology)에서는 비트즙 섭취가 고강도 인터벌 훈련에서 운동 성능을 개선하고, 회복 시간을 단축시키는 데도 효과적이라는 연구 결과를 발표했다.

음식 종류별 100g당 질산염 함량

음식 종류	평균 질산염 함량(mg/100g)
비트즙	250~400
루콜라	250
시금치	120~200
셀러리	200~300
상추	70~140
무	60~100
당근	20~40
브로콜리	20~30
감자	10~30
양배추	10~20
오이	5~10
토마토	5~10

그렇다면 비트즙은 어떻게 섭취하는 것이 좋을까? 권장 섭취량은 하루 250~500ml이다. 또한 섭취한 질산염이 산화질소로 전환되기까지 시간이 걸리기 때문에 운동 2~3시간 전에 미리 섭취하는 것이 이상적이다.

⑥ 베타알라닌

베타알라닌은 운동에서 발생하는 피로를 지연시키고 운동 성능을 향상시키는 데 효과적인 아미노산으로, 달리기에서 특히 유용한 보조 제이다. 베타알라닌은 고강도 운동 중 근육에 축적되는 수소 이온(H^+)을 완충하여 산성화를 억제하고, 근육 피로를 지연시키는 역할을 한다.

2012년 〈Amino Acids〉 저널에 발표된 메타분석에서는 베타알라닌을 보충한 운동선수가 고강도 운동의 지속 시간을 평균 2.85% 늘릴 수 있었다고 보고했다.[*] 이 효과는 1~4분 사이의 고강도 운동에서 특히 두드러졌으며, 400~800m 중거리 달리기와 같은 종목에서 유용하다.

베타알라닌의 효과는 고강도 구간이나 인터벌 훈련에서 더욱 두드러진다. 예를 들어 경사로를 오르는 훈련이나 스프린트를 반복하는 트레이닝에서는 근육의 피로가 빠르게 쌓이는데, 베타알라닌은 이러한 상황에서 피로를 지연시키고 성능을 향상시키는 데 도움을 준다.

베타알라닌을 섭취하려면 장기적으로 하루 3~6g을 꾸준히 복용하는 것이 권장된다. 일반적으로 4주 이상의 지속적인 복용이 필요하다.

⑦ 중탄산나트륨(NaHCO3)[*]

중탄산나트륨은 흔히 베이킹소다라고 부르는 물질이다. 달리기를 하다 보면 근육에 산이 쌓이면서 피로가 오는데, 중탄산나트륨이 체내 pH를 올려 산성화를 막아 이 과정을 늦춰 주는 것이다.

국제스포츠영양학회에서는 중탄산나트륨이 근지구력을 향상시킨다고 공식 발표했다. 또한 2021년에 발표된 한 연구에 따르면, 중탄산나트륨 보충은 45초~8분 정도 지속되는 지구력 운동 즉 400~3,000m 정도의 달리기에 효과를 보였다. 실제로 이에 해당하는 중장거리 육상 선수 중 상당수가 베이킹소다를 섭취한다고 알려져 있다.

　그러나 마라톤과 같은 긴 시간 달리기에서의 효과는 미지수이고 복통, 속쓰림과 같은 부작용 가능성은 크다. 그래서 일반인의 섭취는 권장되지 않는다.

　그럼에도 기록 단축을 위해 먹어 보고 싶다면 어떻게 먹어야 할까? 운동 60~90분 전에 먹는 것이 좋으며, 체중 1kg당 0.2~0.5g 정도를 권장한다. 70kg인 사람이라면 14~35g, 큰술로 1~3술 정도라고 생각하면 된다. 다만 처음에는 5g 이하의 소량으로 시작하여 조금씩 양을 늘리는 것이 좋다.

달리기 관련 의약품
: 파스

파스는 통증 완화와 염증 감소를 돕는 국소용 약제로, 피부에 부착하거나 바르거나 뿌려서 사용한다. 특히 약국에서 구할 수 있는 펠비낙, 디클로페낙, 이부프로펜, 케토프로펜과 같은 소염진통제가 포함된 일반의약품 파스의 경우에는 근육통, 관절염, 부상 등으로 인한 통증과 염증을 줄이는 데 효과적이다. 현재 인터넷에서 '파스'로 판매되는 제품들은 소염진통제가 아닌 멘톨이나 캡사이신 성분이 들어간 단순 통증 완화제에 가깝다. 이는 화장품이나 의약외품으로 분류되기 때문에 자유롭게 온라인으로 구매할 수 있다. 하지만 소염진통제 성분을 포함한 파스는 의약품에 해당하므로 온라인에서는 구매할 수 없다. 달리기를 하는 사람이라면 사용 목적, 활동량, 부상 상태를 고려하여 어떤 종류의 파스를 사용할지 선택해 보자.

① 두꺼운 파스(카타플라스마)

먼저 급성 통증이 발생하거나 부상 직후 염증이 생긴 초기 단계에서는 냉감을 가진 두꺼운 파스가 적합하다. 수분을 포함하고 있어 냉찜질과 유사한 효과를 제공하며, 염증과 부종을 빠르게 진정시키는 데 유용하다. 다만 점착력이 약하므로 땀이 많거나 활동량이 많은 상황보다는 휴식 중 사용이 더 효과적일 수 있다.

반면 두꺼운 파스 중 일부는 뜨끈한 온감을 가진 제품도 있다. 찜질 파스라고도 불리는 온감 파스는 냉감 파스와 달리 혈액 순환 촉진과 근육 이완 효과를 제공하는 특성을 가진다.

② 얇은 파스(플라스타)

장시간 지속적인 통증을 관리해야 할 때는 얇은 파스가 적합하다. 얇은 파스는 점착력이 강해 잘 떨어지지 않아 움직임이 많은 러너에게 적합하며, 달리기 중에도 고정력을 유지하며 지속적인 통증 완화를 돕는다. 다만 피부가 민감한 경우 사용 후 피부 상태를 점검하는 것이 중요하다.

③ 스프레이형 파스

스프레이형 파스는 언제든지 간편하고 빠르게 사용할 수 있는 장점이 있다. 손으로 붙이거나 바를 필요 없이 통증 부위에 뿌리기만 하면 되기 때문에 위생적이고, 허리나 어깨처럼 손이 잘 닿지 않는 부위에도 쉽게 사용할 수 있다. 사용감도 시원하고 운동 전, 운동 중, 운동 후에 즉각적으로 활용하기 좋다.

특히 냉감을 주는 성분이 포함되면 염증 초기의 통증이나 열감을 빠르게 진정시키는 데 효과적이다. 다만 붙이는 형태의 파스에 비해 약물이 오래 유지되지 않으므로 효과 지속 시간이 짧다.

④ 바르는 파스

바르는 파스는 연고형, 액체형 파스가 대표적이다. 파스 이름에 '로션', '물파스' 등의 단어가 들어가는 제품이 해당한다. 롤 타입으로 되어 있어서 손으로 직접 바를 필요가 없는 제품도 주목받고 있다. 바르는 파스의 장점은 여러 가지가 있다.

① 손으로 섬세하게 바를 수 있으므로 작은 부위에 사용하기 편하다.
② 손목이나 발목처럼 좁은 부위나 곡선이 있는 부위에 사용하기 편하다.
③ 피부에 흡수되는 속도가 빠르다.
④ 점착제가 없으므로 피부 자극이 적다.
⑤ 운동 후에 마사지하면서 바르기에 좋아 혈액 순환과 회복을 돕는다.

달리기 관련 의약품
: 진통제

달리기는 열정과 근성이 필요하지만 동시에 통증이라는 벽을 마주하게 된다. 달리기를 오래 즐겼다면, 한 번쯤은 소염진통제를 먹고 달려 본 경험도 있을 것이다. 그러나 진통제가 만병통치약은 아니다. 특히 소염진통제의 잘못된 사용은 회복을 오히려 지연시킬 수 있다.

소염진통제의 위험성

소염진통제는 염증 반응을 억제하고 통증을 완화하지만, 동시에 몸의 자연 치유 시스템을 방해할 수도 있다. 달리기를 하면 근육과 힘줄, 인대가 미세하게 손상된다. 이때 염증 반응이 일어나며 자연스럽게 조직 회복이 진행되는데, 진통제가 오히려 이 과정을 방해할 수 있다.

실제로 MDPI에 발표된 연구에 따르면,[*] 소염진통제 중 하나인 인도메타신은 콜라겐 합성을 감소시켜 힘줄이나 인대의 회복을 지연시킨다고 한다. 게다가 달리는 동안 혈액이 근육으로 집중되면서 위장이나 콩팥 쪽 혈류가 일시적으로 줄어든다. 이때 소염진통제를 복용하면 위장이나 콩팥 손상 위험이 더욱 커진다. 따라서 달리기 직전이나 달리는 도중에 소염진통제를 복용하는 것은 피해야 한다.

올바른 사용 방법

그렇다면 소염진통제를 현명하게 사용하는 방법은 무엇일까? 현재 주요 권장 사항은 '소염진통제는 가능하면 후순위로 사용하라'는 것이다. 소염진통제보다 대체 관리법인 적절한 휴식, 충분한 영양 섭취, 마사지, 찜질, 스트레칭 등을 우선시하는 것이 좋다.

그래도 달리기를 하고 나서 소염진통제를 먹어야 할 정도로 아프다면, 일주일에 한 번 정도는 괜찮다. 1알만 먹어도 통증이 많이 줄어들 것이다. 이부프로펜, 덱시부프로펜, 나프록센 등이 소염진통제에 속하는 성분이며, 약국에서 다양한 약들이 판매되고 있다.

하지만 아세트아미노펜(타이레놀)을 복용하는 것이 소염진통제보다 특정 상황에서 더 안전한 선택일 수도 있다. 특히 달리기 후 회복 과정에서 1~2일 동안 통증 완화가 필요하다면 소염진통제 대신 아세트아미노펜을 복용하길 추천한다. 아세트아미노펜은 항염증 작용을 가지고 있지 않아서 자연 치유 과정을 방해할 가능성이 작기 때문이다.

근이완제

한편 근이완제도 통증 완화에 도움을 줄 수 있다. 근이완제는 근육의 긴장이나 경련으로 인한 통증을 줄이거나, 움직임을 개선하기 위해 사용되는 약물이다.

달리기를 하다 보면 강도 높은 훈련 뒤에 어딘가가 아프기 마련이다. 이때 병·의원에 방문해 진료를 받으면 소염진통제와 함께 에페리손 같은 근이완제를 처방해 주기도 한다. 약국에서 쉽게 구할 수 있는 일반의약품 중 클로르족사존도 대표적인 근이완제이다.

그러나 근이완제는 근육 전반의 긴장을 풀어 졸음과 피로를 유발할 수 있으며 운동 능력도 떨어뜨릴 수 있다. 특히, 달리기 직전에 복용하면 근 수축력이 줄어들어 러닝 폼과 페이스가 흐트러질 위험이 있다. 따라서 중요한 훈련이나 대회 전에는 피하는 것이 좋다.

마라톤 대회
비매너 모음

비매너 행동	구체 사례	문제점 · 피해	개선 · 대처 방법
배번 양도	• 남의 배번을 빌려 대신 달림 • 배번이 없이 무단 참가 • 양도받은 배번으로 시상	• 대회 기록 신뢰도 하락 • 대회 보험 · 안전상 문제 발생 가능 • 부정 출전자로 인한 시상 문제	• 배번은 본인만 사용
주로에 쓰레기 버리기	• 우비나 에너지젤 껍질, 종이컵 등을 달리면서 바닥 투척 • 물 · 음료 마신 뒤 컵을 길 위에 바로 버림	• 다른 주자와 스태프의 안전 위협(미끄럼 · 넘어짐)	• 쓰레기는 급수대 주변 쓰레기통에 버리기
달리면서 파스 뿌리기	• 달리는 도중 주변 주자에게 스프레이 파스가 분사	• 인접 주자들의 눈 · 피부에 닿을 위험 • 호흡기 자극 등 불편	• 되도록 주로를 벗어나거나 안전 구역에서 사용 • 타인에게 영향을 주지 않도록 주의

비매너 행동	구체 사례	문제점 · 피해	개선 · 대처 방법
급수대 앞 · 사람 많은 곳에서 갑자기 멈추기	• 컵을 받거나 물을 마시려 앞선 구간에서 멈춰 서기 • 급수대 주변에서 느닷없이 정지	• 뒤따르던 주자와 충돌 · 넘어짐 위험 • 병목 현상 심화	• 멈출 땐 다른 주자 동선 확인 후 주로 바깥쪽으로 이동 • 사람이 덜 몰리는 뒤쪽 급수대 이용
병목 구간 무리하게 돌파하기 (밀치기 · 충돌)	• 좁은 코스에서 앞 사람을 세게 밀치거나 새치기 • 경사진 부분 또는 코너에서 과도하게 파고들기	• 부상 · 사고 위험 증가 • 주변 주자들의 페이스 흐트러짐	• 코스 여유가 생길 때 추월 • 안전거리 유지하고 추월 시 미리 신호
나눠주는 에너지젤 싹쓸이하기	• 대회 혹은 브랜드 측에서 주자들에게 나눠주는 젤을 여러 개 독차지 • 뒷주자들에게 보급품 부족 사태 유발	• 대회 운영에 차질	• 1인 1개 수령
관중의 주로 난입 · 경로 방해하기	• 응원하던 관중이 갑자기 뛰어들어 사진 · 영상 촬영 • 가족 · 친구와 하이파이브 등으로 주로 진입	• 주자와 충돌 · 부상 위험 • 기록 방해 요인	• 관중은 지정된 응원 구역에서 관람 • 대회 스태프가 주로 내 외부 경계 철저히 안내

알면 도움이 되는
달리기 용어

페이스(Pace) 달리기 속도를 나타내는 단위로, 보통 1km를 달리는 데 걸리는 시간으로 표현한다. 예를 들어 1km를 6분에 달린다면 6:00페이스, 5분 30초에 달린다면 5:30페이스라고 한다.

PR, PB(Personal Record, Personal Best) 자신이 세운 최고 기록을 공유할 때 사용하는 말이다. 예를 들어 "내 PB는 10km 45분이야"라는 식이다.

마일리지(Mileage) 특정 기간 달린 총거리를 뜻한다. 보통 월간, 주간 단위로 사용한다. "이번 달 마일리지는 150km야", "이번 주 마일리지는 70km나 채웠어"와 같은 식이다.

케이던스(Cadence) 분당 발걸음 수를 나타내는 말로, 달릴 때 얼마나 많은 횟수의 스텝을 내딛는지를 보여 준다.

러너스 하이(Runner's High) 달리기를 하면서, 혹은 끝난 후에 느끼는 행복감과 만족감을 의미한다. 러너스 하이는 최소 30~40분 이상 지

>>>

속해서 달릴 때 나타나는 경우가 많으며 이는 신체와 정신이 달리기의 리듬에 적응하면서 나타나는 특별한 상태이다.

최대 산소 섭취량(VO2max) 심폐지구력을 나타내는 중요한 지표로, 달리기 성과를 높이는 데 있어 중요한 역할을 한다. 최대 산소 섭취량이 높을수록 더 강도 높은 운동을 오래 수행할 수 있다.

조깅(Jogging) 가볍게 천천히 달리기, 몸에 무리가 없는 저강도 달리기를 의미한다.

롱 런(Long Run), LSD(Long Slow Distance) 긴 거리의 달리기를 말하며, 지구력과 체력 향상을 목적으로 한다. 마라톤 준비 과정에서 필수적인 훈련이다.

회복 런(Recovery Run) 피로를 줄이고 근육을 회복시키거나 체력을 유지하기 위해 아주 낮은 강도로 달리는 훈련을 말한다. 조깅과 혼용되기도 한다.

인터벌 러닝(Interval Running) 인터벌 러닝은 고강도 운동과 저강도 회복을 번갈아 반복하는 훈련 방식이다.

지속주 일정한 속도로 달리는 훈련을 통칭하며 주로 레이스 페이스를 유지하며 체력과 속도를 강화하는 목적이 있다.

빌드업 후반으로 갈수록 점점 빠른 속도로 달리는 훈련을 말한다.

템포 런(Tempo Run) 잭 다니엘스의 정의에 따라 젖산염 역치(LT, Threshold) 페이스를 유지하여 지속적으로 달리는 훈련을 말한다.

DNS(Did Not Start) 레이스를 출발하지 않고 포기한 경우를 말한다.

DNF(Did Not Finish) 레이스 도중 중도에 포기하거나 완주하지 못한 경우를 말한다.

서브 3, 서브 4   풀 마라톤(42.195km)에서 3시간(서브 3)과 4시간(서브4) 이내로 완주하는 것을 의미한다. 예를 들어 "이번 마라톤 목표는 서브 4 달성이야"라고 한다.

달리기 초당 룰런

구분	100m	200m	400m	1km	5km	10km	15km	20km	25km	30km	35km	40km	42,195km
엘리트 (SUB3)	20초	40초	80초	3분20초	16분40초	33분20초	0시간50분0초	1시간6분40초	1시간23분20초	1시간40분0초	1시간56분40초	2시간13분20초	2시간20분
	21초	42초	84초	3분30초	17분30초	35분0초	0시간52분30초	1시간10분0초	1시간27분30초	1시간45분0초	2시간2분30초	2시간20분0초	2시간27분
	22초	44초	88초	3분40초	18분20초	36분40초	0시간55분0초	1시간13분20초	1시간31분40초	1시간50분0초	2시간8분20초	2시간26분40초	2시간34분
	23초	46초	92초	3분50초	19분10초	38분20초	0시간57분30초	1시간16분40초	1시간35분50초	1시간55분0초	2시간14분10초	2시간33분20초	2시간41분
	24초	48초	96초	4분0초	20분0초	40분0초	1시간0분0초	1시간20분0초	1시간40분0초	2시간0분0초	2시간20분0초	2시간40분0초	2시간48분
	25초	50초	100초	4분10초	20분50초	41분40초	1시간2분30초	1시간23분20초	1시간44분10초	2시간5분0초	2시간25분50초	2시간46분40초	2시간55분
마라토너 (SUB4)	26초	52초	104초	4분20초	21분40초	43분20초	1시간5분0초	1시간26분40초	1시간48분20초	2시간10분0초	2시간31분40초	2시간53분20초	3시간2분
	27초	54초	108초	4분30초	22분30초	45분0초	1시간7분30초	1시간30분0초	1시간52분30초	2시간15분0초	2시간37분30초	3시간0분0초	3시간9분
	28초	56초	112초	4분40초	23분20초	46분40초	1시간10분0초	1시간33분20초	1시간56분40초	2시간20분0초	2시간43분20초	3시간6분40초	3시간16분
	29초	58초	116초	4분50초	24분10초	48분20초	1시간12분30초	1시간36분40초	2시간0분50초	2시간25분0초	2시간49분10초	3시간13분20초	3시간23분
	30초	60초	120초	5분0초	25분0초	50분0초	1시간15분0초	1시간40분0초	2시간5분0초	2시간30분0초	2시간55분0초	3시간20분0초	3시간30분
	31초	62초	124초	5분10초	25분50초	51분40초	1시간17분30초	1시간43분20초	2시간9분10초	2시간35분0초	3시간0분50초	3시간26분40초	3시간38분
	32초	64초	128초	5분20초	26분40초	53분20초	1시간20분0초	1시간46분40초	2시간13분20초	2시간40분0초	3시간6분40초	3시간33분20초	3시간45분
	33초	66초	132초	5분30초	27분30초	55분0초	1시간22분30초	1시간50분0초	2시간17분30초	2시간45분0초	3시간12분30초	3시간40분0초	3시간52분
	34초	68초	136초	5분40초	28분20초	56분40초	1시간25분0초	1시간53분20초	2시간21분40초	2시간50분0초	3시간18분20초	3시간46분40초	3시간59분
마라톤 경험자	35초	70초	140초	5분50초	29분10초	58분20초	1시간27분30초	1시간56분40초	2시간25분50초	2시간55분0초	3시간24분10초	3시간53분20초	4시간6분
	36초	72초	144초	6분0초	30분0초	1시간0분0초	1시간30분0초	2시간0분0초	2시간30분0초	3시간0분0초	3시간30분0초	4시간0분0초	4시간13분
	37초	74초	148초	6분10초	30분50초	1시간1분40초	1시간32분30초	2시간3분20초	2시간34분10초	3시간5분0초	3시간35분50초	4시간6분40초	4시간20분
	38초	76초	152초	6분20초	31분40초	1시간3분20초	1시간35분0초	2시간6분40초	2시간38분20초	3시간10분0초	3시간41분40초	4시간13분20초	4시간27분
	39초	78초	156초	6분30초	32분30초	1시간5분0초	1시간37분30초	2시간10분0초	2시간42분30초	3시간15분0초	3시간47분30초	4시간20분0초	4시간34분
	40초	80초	160초	6분40초	33분20초	1시간6분40초	1시간40분0초	2시간13분20초	2시간46분40초	3시간20분0초	3시간53분20초	4시간26분40초	4시간41분
	41초	82초	164초	6분50초	34분10초	1시간8분20초	1시간42분30초	2시간16분40초	2시간50분50초	3시간25분0초	3시간59분10초	4시간33분20초	4시간48분
	42초	84초	168초	7분0초	35분0초	1시간10분0초	1시간45분0초	2시간20분0초	2시간55분0초	3시간30분0초	4시간5분0초	4시간40분0초	4시간55분
일반인	43초	86초	172초	7분10초	35분50초	1시간11분40초	1시간47분30초	2시간23분20초	2시간59분10초	3시간35분0초	4시간10분50초	4시간46분40초	5시간2분
	44초	88초	176초	7분20초	36분40초	1시간13분20초	1시간50분0초	2시간26분40초	3시간3분20초	3시간40분0초	4시간16분40초	4시간53분20초	5시간9분
	45초	90초	180초	7분30초	37분30초	1시간15분0초	1시간52분30초	2시간30분0초	3시간7분30초	3시간45분0초	4시간22분30초	5시간0분0초	5시간16분
	46초	92초	184초	7분40초	38분20초	1시간16분40초	1시간55분0초	2시간33분20초	3시간11분40초	3시간50분0초	4시간28분20초	5시간6분40초	5시간23분
	47초	94초	188초	7분50초	39분10초	1시간18분20초	1시간57분30초	2시간36분40초	3시간15분50초	3시간55분0초	4시간34분10초	5시간13분20초	5시간30분
	48초	96초	192초	8분0초	40분0초	1시간20분0초	2시간0분0초	2시간40분0초	3시간20분0초	4시간0분0초	4시간40분0초	5시간20분0초	5시간37분
	49초	98초	196초	8분10초	40분50초	1시간21분40초	2시간2분30초	2시간43분20초	3시간24분10초	4시간5분0초	4시간45분50초	5시간26분40초	5시간44분
	50초	100초	200초	8분20초	41분40초	1시간23분20초	2시간5분0초	2시간46분40초	3시간28분20초	4시간10분0초	4시간51분40초	5시간33분20초	5시간51분

참고 자료

p.11   Abrahamson, J., Lindman, I., Eriksen, M., Kibsgaard, A., & Nielsen, R. (2024). Using self-reported training characteristics to better understand who is more likely to sustain running-related injuries than others: The Garmin-RUNSAFE running health study. Scandinavian Journal of Medicine & Science in Sports, 35. https://doi.org/10.1111/sms.70004

p.17   Malisoux, L., Ramesh, J., Mann, R., Seil, R., Urhausen, A., & Theisen, D. (2015). Can parallel use of different running shoes decrease running-related injury risk?. Scandinavian journal of medicine & science in sports, 25(1), 110–115. https://doi.org/10.1111/sms.12154

p.18   Vihma T. (2010). Effects of weather on the performance of marathon runners. International journal of biometeorology, 54(3), 297–306. https://doi.org/10.1007/s00484-009-0280-x

p.21   Daoud, A. I., Geissler, G. J., Wang, F., Saretsky, J., Daoud, Y. A., & Lieberman, D. E. (2012). Foot strike and injury rates in endurance runners: a retrospective study. Medicine and science in sports and exercise, 44(7), 1325–1334. https://doi.org/10.1249/MSS.0b013e3182465115

p.31   Gamez-Paya, J., Aladro-Gonzalvo, A. R., Gallego-de Marcos, D., Villarón-Casales, C., & Lopez-del Amo, J. L. (2023). Footstrike pattern and cadence of the marathon athletes at the Tokyo 2020 Olympic Games. Applied Sciences, 13(11), 6620. https://doi.org/10.3390/app13116620

p.46   K.A. van Someren, 2006. The physiology of anaerobic endurance training. In The physiology of training, edited by G. Whyte (Oxford, UK: Elsevier), 88; E. Newsholme, A. Leach, and G. Duester, 1994. Keep on running: The science of training and performance (West Sussex, UK: Wiley).

p.49   Wasserman D. H. (2009). Four grams of glucose. American journal of physiology. Endocrinology and metabolism, 296(1), E11–E21. https://doi.org/10.1152/ajpendo.90563.2008

p.51   Constantin-Teodosiu, D. (2013). Regulation of Muscle Pyruvate Dehydrogenase Complex in Insulin Resistance: Effects of Exercise and Dichloroacetate. Diabetes & Metabolism Journal, 37(5), 301–314.

p.52   Constantin-Teodosiu, D. (2013). Regulation of Muscle Pyruvate Dehydrogenase Complex in Insulin Resistance: Effects of Exercise and Dichloroacetate. Diabetes & Metabolism Journal, 37(5), 301–314.

         Van Loon, L. J., Greenhaff, P. L., Constantin-Teodosiu, D., Saris, W. H., & Wagenmakers, A. J. (2001). The effects of increasing exercise intensity on muscle fuel utilisation in humans. The Journal of physiology, 536(Pt 1), 295–304. https://doi.org/10.1111/j.1469-7793.2001.00295.x

         Namma-Motonaga, K., Kondo, E., Osawa, T., Shiose, K., Kamei, A., Taguchi, M., & Takahashi, H. (2022). Effect of Different Carbohydrate Intakes within 24 Hours after Glycogen Depletion on Muscle Glycogen Recovery in Japanese Endurance Athletes. Nutrients, 14(7), 1320. https://doi.org/10.3390/nu14071320

p.54   Krustrup, P., Ortenblad, N., Nielsen, J., Nybo, L., Gunnarsson, T. P., Iaia, F. M., Madsen, K., Stephens F., Greenhaff, P., & Bangsbo, J. (2011). Maximal voluntary contraction force, SR function and glycogen resynthesis during the first 72 h after a high-level competitive soccer game. European journal of applied physiology, 111(12), 2987–2995. https://doi.org/10.1007/s00421-011-1919-y

p.55   Thomas, D. T., Erdman, K. A., & Burke, L. M. (2016). American College of Sports Medicine Joint Position Statement. Nutrition and Athletic Performance. Medicine and science in sports and exercise, 48(3), 543–568. https://doi.org/10.1249/MSS.0000000000000852

         American College of Sports Medicine. (2020). ACSM's guidelines for exercise testing and prescription (10th ed.). Wolters Kluwer.

p.59   Churchward-Venne, T. A., Pinckaers, P. J. M., Smeets, J. S. J., Betz, M. W., Senden, J. M., Goessens, J. P. B., Gijsen, A. P., Rollo, I., Verdijk, L. B., & van Loon, L. J. C. (2020). Dose-response effects of dietary protein on muscle protein synthesis during recovery from endurance exercise in young men: a double-blind randomized trial. The American journal of clinical nutrition, 112(2), 303–317. https://doi.org/10.1093/ajcn/nqaa073

p.67 Alkahtani, S. (2014). Comparing fat oxidation in an exercise test with moderate-intensity interval training. Journal of Sports Science & Medicine, 13(1), 51–58

p.69 Nutrition and Athletic Performance. Medicine & Science in Sports & Exercise 48(3):p 543-568, March 2016. | DOI: 10.1249/MSS.0000000000000852

p.75 Edvardsen, E., Hansen, B. H., Holme, I. M., Dyrstad, S. M., & Anderssen, S. A. (2013). Reference values for cardiorespiratory response and fitness on the treadmill in a 20- to 85-year-old population. Chest, 144(1), 241–248. https://doi.org/10.1378/chest.12-1458

p.87 Nutrition and Athletic Performance. Medicine & Science in Sports & Exercise 48(3):p 543-568, March 2016. | DOI: 10.1249/MSS.0000000000000852

p.89 Sale, C., Saunders, B., Hudson, S., Wise, J. A., Harris, R. C., & Sunderland, C. D. (2011). Effect of β-alanine plus sodium bicarbonate on high-intensity cycling capacity. Medicine and science in sports and exercise, 43(10), 1972–1978. https://doi.org/10.1249/MSS.0b013e3182188501

p.91 Beltz, N. M., Gibson, A. L., Janot, J. M., Kravitz, L., Mermier, C. M., & Dalleck, L. C. (2016). Graded Exercise Testing Protocols for the Determination of VO2max: Historical Perspectives, Progress, and Future Considerations. Journal of sports medicine (Hindawi Publishing Corporation), 2016, 3968393. https://doi.org/10.1155/2016/3968393

p.93 Hickson, R. C., Bomze, H. A., & Holloszy, J. O. (1977). Linear increase in aerobic power induced by a strenuous program of endurance exercise. Journal of applied physiology: respiratory, environmental and exercise physiology, 42(3), 372–376. https://doi.org/10.1152/jappl.1977.42.3.372

p.94 Hickson, R. C., Bomze, H. A., & Holloszy, J. O. (1977). Linear increase in aerobic power induced by a strenuous program of endurance exercise. Journal of applied physiology: respiratory, environmental and exercise physiology, 42(3), 372–376. https://doi.org/10.1152/jappl.1977.42.3.372

p.101 Guo, Z., Li, M., Cai, J., Gong, W., Liu, Y., & Liu, Z. (2023). Effect of high-intensity interval training vs. moderate-intensity continuous training on fat loss and cardiorespiratory fitness in the young and middle-aged: A systematic review and meta-analysis. International Journal of Environmental Research and Public Health, 20(6), 4741. https://doi.org/10.3390/ijerph20064741

p.104 Helgerud, J., Høydal, K., Wang, E., Karlsen, T., Berg, P., Bjerkaas, M., Simonsen, T., Helgesen, C., Hjorth, N., Bach, R., & Hoff, J. (2007). Aerobic high-intensity intervals improve VO2max more than moderate training. Medicine and science in sports and exercise, 39(4), 665–671. https://doi.org/10.1249/mss.0b013e3180304570

p.107 Rønnestad, B. R., Ellefsen, S., Nygaard, H., Zacharoff, E. E., Vikmoen, O., Hansen, J., & Hallén, J. (2014). Effects of 12 weeks of block periodization on performance and performance indices in well-trained cyclists. Scandinavian journal of medicine & science in sports, 24(2), 327–335. https://doi.org/10.1111/sms.12016

p.109 Bosquet, L., Montpetit, J., Arvisais, D., & Mujika, I. (2007). Effects of tapering on performance: a meta-analysis. Medicine and science in sports and exercise, 39(8), 1358–1365. https://doi.org/10.1249/mss.0b013e31806010e0

p.110 Haugen, T., Sandbakk, Ø., Seiler, S., & Tønnessen, E. (2022). The Training Characteristics of World-Class Distance Runners: An Integration of Scientific Literature and Results-Proven Practice. Sports medicine - open, 8(1), 46. https://doi.org/10.1186/s40798-022-00438-7

p.111 Muñoz, I., Seiler, S., Bautista, J., España, J., Larumbe, E., & Esteve-Lanao, J. (2014). Doespolarized training improve performance in recreational runners?. International journal of sports physiology and performance, 9(2), 265–272. https://doi.org/10.1123/ijspp.2012-0350

Andrew Coggan Ph.D. Training and Racing with a Power Meter

p.115 Van Gent, R. N., Siem, D., van Middelkoop, M., van Os, A. G., Bierma-Zeinstra, S. M., & Koes, B. W. (2007). Incidence and determinants of lower extremity running injuries in long distance runners: a systematic review. British journal of sports medicine, 41(8), 469–480. https://doi.org/10.1136/bjsm.2006.033548

p.116 Kakouris, N., Yener, N., & Fong, D. T. P. (2021). A systematic review of running-related musculoskeletal injuries in runners. Journal of sport and health science, 10(5), 513–522. https://doi.org/10.1016/j.jshs.2021.04.001

Kakouris, N., Yener, N., & Fong, D. T. P. (2021). A systematic review of running-related musculoskeletal injuries in runners. Journal of sport and health science, 10(5), 513–522. https://doi.org/10.1016/j.jshs.2021.04.001

p.117 Kakouris, N., Yener, N., & Fong, D. T. P. (2021). A systematic review of runningrelated musculoskeletal injuries in runners. Journal of sport and health science, 10(5), 513–522. https://doi.org/10.1016/j.jshs.2021.04.001

Kakouris, N., Yener, N., & Fong, D. T. P. (2021). A systematic review of runningrelated musculoskeletal injuries in runners. Journal of sport and health science, 10(5), 513–522. https://doi.org/10.1016/j.jshs.2021.04.001

Kakouris, N., Yener, N., & Fong, D. T. P. (2021). A systematic review of runningrelated musculoskeletal injuries in runners. Journal of sport and health science, 10(5), 513–522. https://doi.org/10.1016/j.jshs.2021.04.001

p.130 Støren, O., Helgerud, J., Støa, E. M., & Hoff, J. (2008). Maximal strength training improves running economy in distance runners. Medicine and science in sports and exercise, 40(6), 1087–1092. https://doi.org/10.1249/MSS.0b013e318168da2f

p.134 Ghai, S., Ghai, I., & Narciss, S. (2023). Influence of taping on force sense accuracy: a systematic review with between and within group meta-analysis. BMC sports science, medicine & rehabilitation, 15(1), 138. https://doi.org/10.1186/s13102-023-00740-1

p.135 Krause, F., Dust, K., Banzer, W., & Vogt, L. (2017). Cohort survey on prevalence and subjectively-perceived effects of kinesiotape. Deutsche Zeitschrift für Sportmedizin, 68, 116-120

p.136 Wiewelhove, T., Schneider, C., Döweling, A., Hanakam, F., Rasche, C., Meyer, T., Kellmann, M., Pfeiffer, M., & Ferrauti, A. (2018). Effects of different recovery strategies following a half-marathon on fatigue markers in recreational runners. PloS one, 13(11), e0207313. https://doi.org/10.1371/journal.pone.0207313

p.148 Díaz, J. J., Renfree, A., Fernández-Ozcorta, E. J., Torres, M., & Santos-Concejero, J. (2019). Pacing and Performance in the 6 World Marathon Majors. Frontiers in sports and active living, 1, 54. https://doi.org/10.3389/fspor.2019.00054

Haney, T. A., Jr, & Mercer, J. A. (2011). A Description of Variability of Pacing in Marathon Distance Running. International journal of exercise science, 4(2), 133–140. https://doi.org/10.70252/RHGB2099

p.153 Burke, L. M., Ross, M. L., Garvican-Lewis, L. A., Welvaert, M., Heikura, I. A., Forbes, S. G., Mirtschin, J. G., Cato, L. E., Strobel, N., Sharma, A. P., & Hawley, J. A. (2017). Low carbohydrate, high fat diet impairs exercise economy and negates the performance benefit from intensified training in elite race walkers. The Journal of physiology, 595(9), 2785–2807. https://doi.org/10.1113/JP273230

p.154   Tiller, N. B., Roberts, J. D., Beasley, L., Chapman, S., Pinto, J. M., Smith, L., Wiffin, M., Russell, M., Sparks, S. A., Duckworth, L., O'Hara, J., Sutton, L., Antonio, J., Willoughby, D. S., Tarpey, M. D., Smith-Ryan, A. E., Ormsbee, M. J., Astorino, T. A., Kreider, R. B., McGinnis, G. R., ⋯ Bannock, L. (2019). International Society of Sports Nutrition Position Stand: nutritional considerations for single-stage ultra-marathon training and racing. Journal of the International Society of Sports Nutrition, 16(1), 50. https://doi.org/10.1186/s12970-019-0312-9

p.156   O'Neill H. M. (2013). AMPK and Exercise: Glucose Uptake and Insulin Sensitivity. Diabetes & metabolism journal, 37(1), 1–21. https://doi.org/10.4093/dmj.2013.37.1.1

p.157   Thomas, D. T., Erdman, K. A., & Burke, L. M. (2016). American College of Sports Medicine Joint Position Statement. Nutrition and Athletic Performance. Medicine and science in sports and exercise, 48(3), 543–568. https://doi.org/10.1249/MSS.0000000000000852

p.159   Pfeiffer, B., Stellingwerff, T., Zaltas, E., & Jeukendrup, A. E. (2010). Oxidation of solid versus liquid CHO sources during exercise. Medicine and science in sports and exercise, 42(11), 2030–2037. https://doi.org/10.1249/MSS.0b013e3181e0efc9

p.168   Murphy, L. (2017, Spring). Nutrient timing: Pre and post-workout questions answered! Published by NASM – National Academy of Sports Medicine. https://blog.nasm.org/workout-and-nutrition-timing

p.172   Van Hooren, B., Fuller, J. T., Buckley, J. D., Miller, J. R., Sewell, K., Rao, G., Barton, C., Bishop, C., & Willy, R. W. (2020). Is Motorized Treadmill Running Biomechanically Comparable to Overground Running? A Systematic Review and Meta-Analysis of Cross-Over Studies. Sports medicine (Auckland, N.Z.), 50(4), 785–813. https://doi.org/10.1007/s40279-019-01237-z

p.181   Thomas, D. T., Erdman, K. A., & Burke, L. M. (2016). American College of Sports Medicine Joint Position Statement. Nutrition and Athletic Performance. Medicine and science in sports and exercise, 48(3), 543–568. https://doi.org/10.1249/MSS.0000000000000852

p.185   Wang, Z., Qiu, B., Gao, J., & Del Coso, J. (2022). Effects of Caffeine Intake on Endurance Running

p.187   Jaramillo, A. P., Jaramillo, L., Castells, J., Beltran, A., Garzon Mora, N., Torres, S., Barberan Parraga, G. C., Vallejo, M. P., & Santos, Y. (2023). Effectiveness of Creatine in Metabolic Performance: A Systematic Review and Meta-Analysis. Cureus, 15(9), e45282. https://doi.org/10.7759/cureus.45282

p.188   Zhang, Y., Xun, P., Wang, R., Mao, L., & He, K. (2017). Can Magnesium Enhance Exercise Performance?. Nutrients, 9(9), 946. https://doi.org/10.3390/nu9090946

p.190   Jones, L., Bailey, S. J., Rowland, S. N., Alsharif, N., Shannon, O. M., & Clifford, T. (2022). The Effect of Nitrate-Rich Beetroot Juice on Markers of Exercise-Induced Muscle Damage: A Systematic Review and Meta-Analysis of Human Intervention Trials. Journal of dietary supplements, 19(6), 749–771. https://doi.org/10.1080/19390211.2021.1939472

p.192   Hobson, R. M., Saunders, B., Ball, G., Harris, R. C., & Sale, C. (2012). Effects of β-alanine supplementation on exercise performance: a meta-analysis. Amino acids, 43(1), 25–37. https://doi.org/10.1007/s00726-011-1200-z

Grgic, J., Grgic, I., Del Coso, J., Schoenfeld, B. J., & Pedisic, Z. (2021). Effects of sodium bicarbonate supplementation on exercise performance: an umbrella review. Journal of the International Society of Sports Nutrition, 18(1), 71. https://doi.org/10.1186/s12970-021-00469-7

p.197   Pham, H., & Spaniol, F. (2024). The Efficacy of Non-Steroidal Anti-Inflammatory Drugs in Athletes for Injury Management, Training Response, and Athletic Performance: A Systematic Review. Sports, 12(11), 302. https://doi.org/10.3390/sports12110302